KB270005

데이비드 코퍼필드

David Copperfield

찰스 디킨스

세계의 교양을 읽는다

고전을 왜 읽는가?

인간의 삶과 세상에 대한 영원한 물음이 있기 때문이다. 시대와 사상을 뛰어넘어 지금 여기 우리에게 필요한 물음이 없는 고전은 더이상 고전이 아니다. 인간과 삶에 대한 근원적인 물음 없이 고전을 읽는다면 자신과 인간에 대한 성찰과 지혜로 이어지지 않는다. 논술 시험 때문에, 과제물 때문에, 아니면 남들이 읽으니까, 나도 읽는다는 식이라면 그 책은 죽은 책일 수밖에 없다.

고전을 살아 있는 책으로 만드는 이 '물음!'에 답하기 위해서는 좋은 길잡이가 필요하다. 40년 이상 미국의 고교생과 대학 주니어들이 시험, 에세이 작성, 심층토론 준비를 위해 바이블처럼 애용해온 'CliffsNotes'와 'SPARKNOTES'는 바로 그런 좋은 길잡이의 표본이다. 이 두 시리즈가 원조 논술연구모임인 '일이관지(一以貫之)' 팀의 촌철살인적 해설을 곁들여 〈다락원 명작노트〉로 재탄생해 논술로 고민중인 대한민국 학생 여러분을 찾아간다.

CliffsNotes와 SPARKNOTES의 가장 큰 장점은 방대하고 난해한 고전을 Chapter별로 요약하고 분석해서 원전의 내용에 보다 쉽고 체계적으로 접근하는 신속·간편성이라고 할 수 있다. 여기에 '一以貫之'팀이 원전의 중요한 문제의식, 즉 근원적 '물음'은 무엇이며, 그 '물음'은 오늘날에도 여전히 유효한가, 라는 질문을 다시 던진다.

대입논술로 고민하고, 자칭 타칭의 고전이 넘쳐나는 오늘의 독서풍토에서 지적 정복이 긴박한 대한민국 학생들에게 감히 이 시리즈를 자신 있게 권한다.

一以貫之 논술연구모임 연구실장 이호곤

차례

CliffsNotes와 SPARKNOTES는 방대한 원작을 보다 쉽게 이해할 수 있도록 돕는 안내서입니다. 원작 이해를 돕기 위해 작가와 작품에 대한 배경지식, 그리고 매 장마다 간단한 '줄거리'와 '풀어보기'가 실려 있습니다. '줄거리'를 통해서는 원작의 내용을 명쾌하게 파악함으로써 독서의 즐거움을 느낄 수 있을 것입니다. '풀어보기'에는 원작에 담긴 문학적 경향, 등장인물의 심리상태, 시대상, 주제 등을 설명해 놓았습니다. 비판적 글읽기의 바탕이 되는 요소들이죠. 비판적 글읽기는 소설과 비소설 작품을 막론하고 책을 읽을 때 꼭 필요한 자질입니다.

* 〈   〉는 장편소설, 중편소설, 논픽션, 시집. "   "는 수필집, 단편소설

⊙ 일이관지(一以貫之) 논술노트

권말에는 一以貫之 논술팀에서 작성한 논술 노트가 실려 있습니다. 원작을 우리의 삶과 연계시켜 비판적 사고와 논리적 글쓰기의 방향을 제시합니다.

⊙ 실전 연습문제

논술예제와 기출문제를 통해서는 원작을 바탕으로 출제 가능싱이 높은 논점을 함께 숙고해 봅니다.

작가의 생애

작가의 생애

찰스 디킨스 Charles Dickens(1812-70)는 영국 남부 해안의 포츠머스에서 태어났다. 그러나 얼마 후 가족과 함께 채텀으로 이사했기 때문에 그곳에서 유년 시절을 보냈다. 그의 소설에는 어린 시절 행복했던 장면들이 다양한 형태로 숨어 있곤 한다. 아버지 존 디킨스는 해군 경리국의 하급 서기였는데, 〈데이비드 코퍼필드 *David Copperfield*〉에 나오는 미코버 씨처럼 늘 빚에 쪼들렸다.

그의 아버지는 1822년에 런던으로 전근했지만 빚은 계속 쌓여갔고, 그 일부라도 갚기 위해 가재도구를 팔아야 할 형편이었다. 어린 찰스도 전당포를 자기 집 드나들 듯했지만, 결국 아버지가 체포되어 채무자 감옥에 갇혔기 때문에 열두 살의 나이에 구두약 공장에서 주급 7실링을 받고 유리병에 상표 붙이는 일을 했다. 이 경험은 어린 소년의 마음에 깊은 상처를 남겼다. 그는 나중에 이렇게 썼다. "내 마음속의 비애는 이루 표현할 길이 없었다. 장차 학식을 갖춘 훌륭한 사람이 되겠다는 희망이 마음속에서 산산조각 나는 느낌이었다." 이런 상황은 작품의 주인공 데이비드 코퍼필드가 포도주 창고에서 겪는 곤경과 꼭 닮은 데가 있다. 아버지가 석방되고 약간의 돈을 상속받은 후에도 어머니는 아들이 계속 일하기를 바랐다.

후에 디킨스는 2년 반 동안 웰링턴 하우스 아카데미에

다녔다. 1827년에는 열다섯 살의 나이에 법률사무소 서기로 일하기 시작, 독학으로 속기를 배워 법정의 재판상황을 기록할 수 있을 정도가 되었다. 또한 런던에서 자주 연극을 관람했으며, 잠시 배우수업을 받기도 했다.

한편, 이 무렵 디킨스는 마리아 비드넬이라는 처녀와 사랑에 빠진 적이 있다. 그러나 그녀의 아버지가 중하류층의 젊은 법정 기록원과 자기 딸이 결혼하는 것을 반대해 사랑을 이루지 못했다. 이 일을 계기로 디킨스는 더욱 분발했던 것으로 보인다. 1832년에는 런던의 두 개 일간지에서 의회담당 기자로 일을 시작했고, 2년 후에는 신설된 일간지 모닝 크로니클에 입사해 런던의 일상생활을 그린 단편 연재소설의 집필을 시작했다. 그 결과 〈보즈의 스케치 *Sketches by Boz*〉가 나왔고, 1836년에 단행본으로 출판되었다. 이때부터 디킨스는 본격적인 작가생활에 접어들었다. 이 연재물에 이어 그는 어느 월간지로부터 유머러스한 영국의 클럽 회원들을 다룬 연재물 집필을 청탁받았다. 이 단편들을 묶은 〈피크위크 클럽의 유록(遺錄) *The Posthumous Papers of the Pickwick Club*〉이 출간되면서 디킨스의 작가로서의 명성은 확고해졌다.

금전적으로 안정을 찾자 그는 의회담당 기자직을 그만두고 집필에만 전념했다. 그리고 1836년 4월에 캐서린 호가스와 결혼했다. 하지만 결혼생활은 행복하지 않았고 20년 후에 별거하게 된다.

그의 집필에 가속도가 붙어 〈올리버 트위스트 *Oliver Twist*〉, 〈니콜라스 니클비 *Nicholas Nickleby*〉 등 여러 월간지 연재소설들이 단행본으로 출판되었다. 1840년대에 디킨스는 영국 최고의 인기작가가 되었으며, 1849년에는 대표작 중 하나로 꼽히는 〈데이비드 코퍼필드〉를 집필하기 시작했다. 친구 존 포스터는 1인칭으로 이야기를 풀어가라고 충고했고, 디킨스는 그 방식이 자신의 초년시절을 풀어내기에 딱 들어맞는다고 판단해 그 충고를 받아들였다. 디킨스는 1인칭으로 다양한 경험을 이 작품에 옮겨놓음으로써 훌륭한 소설이자 정체를 숨긴 자서전을 만들어냈던 것이다.

그러나 이 작품은 단순한 전기라기보다는 소설 쪽에 무게를 두어야 한다. 소설에서 데이비드는 창고에서 도망쳐 정많은 왕고모를 찾아가고, '때맞춰' 도라의 아버지가 죽은 후 그녀와 결혼한다. 이런 이야기는 실제 삶에서는 없었던 일이며, 디킨스가 어린 시절의 일부를 자기가 원하는 방향으로 재구성한 것이 아닌가 생각된다. 또 디킨스는 자기를 구두약 공장으로 보낸 실제 부모(머드스톤 남매로 가장)를 경멸하는 동시에 또 다른 부모(미코버 부부)를 호감 가는 괴짜로 그려 강한 애정을 나타내기도 한다. 소설 속의 도라 스펜로는 연인이었던 마리아 비드넬이 되기도 하고, 단순 소박한 실제 아내 캐서린 호가스가 되기도 한다. 이처럼 이 소설은 꾸며낸 이야기이면서 실화이기도 하다.

이 소설의 해학에 대해서는 구태여 설명할 필요도 없다. 독자들은 그저 즐기면 된다. 선술집에서 웨이터가 데이비드의 음식을 먹어치우는 장면, 데이비드가 술에 취해 계단을 구르는 환락의 밤, 겨드랑이에 망원경을 끼고 배에 오르는 종잡을 수 없는 미코버 씨 등, 모두가 익살스러워 이 소설이 지속적으로 인기를 끄는 이유를 이해하기가 어렵지 않다.

〈데이비드 코퍼필드〉 후에 디킨스는 통렬하고 신랄한 소설들을 썼다. 〈황폐한 집 *Bleak House*〉은 여러 가지를 곰곰이 생각하게 만드는 법정 풍자소설이며, 〈고된 시기 *Hard Times*〉나 〈꼬마 도릿 *Little Dorrit*〉은 모두 마구잡이 식 사회적 학대를 고민하는 작품이다. 그러나 이 무렵부터는 미코버 씨나 〈피크위크 페이퍼스 *The Pickwick Papers*〉에 나오는 샘 웰러처럼 매우 익살맞은 인물들 대신 암울하고 불길한 인물들이 등장하기 때문에 비록 후기 소설들이 어떤 면에서는 보다 뛰어난 솜씨를 보이지만 대부분의 독자들은 디킨스의 '마술'이 다했다는 느낌을 갖게 된다.

말년에 디킨스는 영국과 미국을 순회하면서 작품 낭독회를 가졌다. 이로 인한 과로로 건강을 해친 그는 1870년에 58세의 나이로 숨을 거두었다. 세상을 떠날 무렵에는 〈에드윈 드루드의 미스터리 *The Mystery of Edwin Drood*〉를 집필중이었는데, 여러 작가들이 결말을 지어보려고 시도했지만 아직 미완성으로 남아 있다.

작품 노트

줄거리

이 소설은 데이비드 코퍼필드가 태어나서부터 어른이 되어 결혼하고, 그러면서 인생의 변화에 익숙해지는 과정을 추적한다. 유복자인 그는 어머니 그리고 하녀 페거티와 함께 어린 시절을 즐겁게 지낸다. 그러나 어머니가 머드스톤 씨와 재혼하면서 불행한 삶이 시작된다. 얼마 후 어느 초라한 학교로 보내진 그는 그곳에서 동급생 제임스 스티어포스와 사귄다.

어머니가 세상을 떠나자 의붓아버지 머드스톤 씨는 그를 자퇴시켜 런던의 어느 창고에서 일하게 한다. 데이비드는 가난한 미코버 씨 집에 하숙하면서 그의 가족과 친하게 지내지만 고된 일을 견디지 못하고 무일푼으로 도망쳐 도버에 사는 왕고모 벳시 트롯우드를 찾아간다.

벳시 왕고모는 엄격한 겉모습과는 달리 데이비드를 입양해 잘 보살펴주고 좋은 학교에 보낸다. 학교에 다니는 동안 그는 위크필드 씨 집에서 하숙을 한다. 그 집에는 애그니스란 딸이 있다. (소설에서 데이비드는 시종일관 애그니스에 대해 남매와 같은 친근감을 가진다.) 졸업 후 데이비드는 스펜로 앤 조킨스 법률사무소에서 일하게 되고, 곧 스펜로 씨의 딸 도라와 사랑에 빠진다.

이 무렵 페거티의 사랑스러운 조카딸 엠리가 스티어포스와 결혼하려고 가출한다. 그 전에 데이비드는 페거티 씨의 조카 햄의 약혼녀였던 엠리를 우연히 스티어포스에게 소개해 준 적이 있다. 그 일로 온 가족이 슬픔에 잠기고, 페거티 씨는 그녀를 찾아 나선다. 데이비드는 여가시간을 활용해 무일푼이 된 벳시 왕고모의 일을 거든다. 그는 도라와 결혼하지만 집안 살림은 전혀 모르는 '아기 색시'를 얻었음을 깨닫는다.

한편, 위크필드 씨의 직원이자 데이비드가 싫어하는 '비천한' 유리아 히프는 위크필드 씨가 술에 약하다는 점을 이용해 서류를 꾸며 그의 동업자가 된다. 데이비드는 또한 그의 오랜 친구 미코버 씨가 그동안 히프를 도와주었다는 사실도 알게 된다. 데이비드는 여전히 미코버 씨 가족을 좋아하면서도 오랜 친구가 불한당을 위해 일한다는 사실 때문에 괴로워한다. 그러나 결국 미코버 씨는 극적인 순간을 연출해 히프가 사기꾼임을 폭로하고 위크필드 씨를 구해내는 한편, 벳시 왕고모의 재산 일부도 되찾아준다.

데이비드가 아내 도라의 죽음으로 괴로워하던 와중에 페거티의 조카딸 엠리가 삼촌에게 돌아온다. 데이비드는 엠리를 스티어포스에게 소개해 준 일 때문에 한동안 죄책감에 시달려온 터였다. 화해가 이루어지고 얼마 후에 엠리는 페거티 일가 몇 사람과 미코버 씨 가족과 함께 새 삶을 찾아 호주로 떠난다.

그들이 떠나기에 앞서 배가 난파해 스티어포스가 죽고, 그를 구하려던 햄도 죽는 광경이 데이비드의 눈앞에서 펼쳐진다. 아내의 죽음과 그 밖의 여러 가지 일로 상심하던 데이비드는 해외여행을 떠난다. 3년 후 귀국한 그는 그제서야 애그니스 위크필드야말로 자기가 찾던 참사랑임을 깨닫게 되고, 마침내 두 사람 사이에 행복한 결혼이 이루어진다.

등장인물

데이비드 코퍼필드 *David Copperfield* 소설의 주인공으로 출생부터 성인이 되기까지 자신의 일생을 이야기한다. 감수성이 예민한 그는 잔인한 머드스톤 씨 남매에게 학대받다가 포도주 창고로 보내져 일하게 된다. 도라 스펜로와 결혼하지만 두 사람이 도무지 맞지 않는다는 것을 깨닫는다. 도라가 죽은 후 애그니스 위크필드와 재혼하며, 소설이 끝나갈 즈음에는 원숙한 어른이 되고 작가로 성공한다.

클라라 코퍼필드 *Clara Copperfield* 데이비드의 어머니. 매력적이고 다정한 성격이지만 세상 물정을 모르고 정에 약해 그녀의 연금을 탐낸 머드스톤 씨에게 쉽게 말려들어 재혼한다.

클라라 페거티 *Clara Peggotty* 코퍼필드 가족의 하녀이며 데이비드의 유모 역할도 한다. 매우 성실하고, 데이비드의 어머니가 죽은 후에는 그의 유일한 말동무가 된다. 마부 바키스와 결혼한 후에도 소설 내내 데이비드의 친구로 남는다.

에드워드 머드스톤 *Edward Murdstone* 데이비드의 의붓아버지. 검은 머리의 미남이지만 데이비드를 잔혹하게 매질하고, 데이비드의 어머니를 요절하도록 만든 장본인.

제인 머드스톤 *Jane Murdstone* 머드스톤 씨의 누이. 코퍼필드 가족의 집안 살림을 맡아 하면서 끊임없이 데이비드를 괴롭힌다.

바키스 씨 *Mr. Barkis* 데이비드가 사는 마을과 야머스 간의 역마차를 모는 마부. 수줍고 조용한 남자로 데이비드를 통해 페거티에게 구혼한다.

칠립 씨 *Mr. Chillip* 데이비드의 분만을 도운 의사. 온순하고 겁이 많은 왜소한 남자이며, 특히 데이비드의 왕고모 벳시 트롯우드를 두려워한다.

다니엘 페거티 *Daniel Peggotty* 클라라 페거티의 오빠이며 야머스의 어부. 마음씨 따뜻한 남자로, 그의 집은 누구든지 도움이 필요한 사람들의 피난처다.

햄 페거티 *Ham Peggotty* 페거티 씨의 조카이며 고아. 삼촌처럼 인정 많고 친절한 사람. 엠리를 사랑하기 때문에 끈기 있게 기다리지만 그녀가 가출한다. 엠리를 꼬여 달아났던 스티어포스를 구하다가 죽는다.

꼬마 엠리 *Little Em'ly* 양친을 잃은 페거티 씨의 조카딸. 데이비드의 어릴 적 친구이지만, 햄과 약혼했다가 나중에 스티어포스와 사랑의 도피행각을 벌인다. 조용하고 동정심 많은 여자로 '귀부인'이 되고 싶어 하며, 결국 이 소망 때문에 불행해진다.

거미지 부인 *Mrs. Gummidge* 페거티 씨 동업자의 미망인. 항상 자기가 고생한다고 불평하지만 엠리가 가출한 후에는 페거티 씨가 분발하도록 도와주며 절친한 말동무가 된다.

찰스 멜 *Charles Mell* 세일럼 하우스 기숙학교 교사. 데이비드의 스승이자 친구.

크리클 씨 *Mr. Creakle* 세일럼 하우스 기숙학교의 교장. 고약한 얼굴을 하고 지팡이로 학생들 때리기를 즐긴다. 나중에 교도소 소장이 된다.

턴게이 씨 *Mr. Tungay* 크리클 교장의 보좌이자 잔인한 동반자. 목발을 하고 다니며 항상 크리클 교장의 말을 복창한다.

제임스 스티어포스 *James Steerforth* 데이비드가 부러워하는 버릇없는 학생. 겉치레를 잘하고 몸가짐이 좋아 사람들을 현혹시킨다. 그는 엠리를 자기 하인 리티머에게 맡겨놓고 떠남으로써 이기심을 드러낸다. 야머스 앞바다에서 풍랑을 만나 그를 구하려던 햄과 함께 죽는다.

토미 트래들스 *Tommy Traddles* 데이비드의 친구. 세일럼 학교의 전교생 중에서 가장 자주 벌을 받는다. 마음씨가 착하며 데이비드와 미코버 씨 모두의 성실한 친구. 비천한 신분이지만 집념이 강해 판사가 된다.

윌킨스 미코버 *Wilkins Micawber* 늘 가난하지만 낙천적인 신사이며 데이비드가 런던에서 지낼 때 그의 하숙집 주인. 자기를 드러내기 좋아하는 코믹한 인물이며 화려한 문체의 편지 쓰기와 과장된 웅변조의 연설을 즐긴다. 페거티 씨와 호주로 이민 가서 마침내 성공해 판사가 된다.

에마 미코버 *Emma Micawber* 미코버 씨의 참을성 많은 아내. 남편이 역경에 처할 때마다 늘 뒷바라지를 하며 심지어 남편이 채무자 감옥에 들어갈 때도 따라간다.

벳시 트롯우드 *Betsey Trotwood* 데이비드의 왕고모(아버지의 고모). 데이비드가 딸이 아닌 아들로 태어났다고 실망하지만, 나중에는 후견인이 되어 학비를 대준다. 엄격하고 종종 괄괄하기도 한 성격과는 달리 정 많은 인물.

리처드 바블리 (딕 씨) *Richard Babley (Mr. Dick)* 벳시 트롯우드가 돌봐주는 머리가 좀 이상한 밉지 않은 얼간이. 장문의 원고를 쓰고 있는데,

그 종이로 커다란 연을 만든다. 데이비드의 왕고모에게 헌신적이며 데이비드의 좋은 친구가 된다.

유리아 히프 *Uriah Heep* 항상 음모를 꾸미는 혐오스러운 젊은이. 애그니스 위크필드와 결혼해 그녀 아버지의 변호사 사무실을 차지하려고 한다. 비천한 신분을 자처하면서 이를 자신을 냉대한 사람들에게 앙갚음하는 수단으로 이용한다. 미코버 씨가 그의 음모를 폭로해 결국 감옥에 가게 된다.

위크필드 씨 *Mr. Wickfield* 사무변호사이며 애그니스 위크필드의 홀아버지. 자존심이 강하지만, 과음 때문에 유리아 히프에게 약점을 드러낸다.

애그니스 위크필드 *Agnes Wickfield* 위크필드 씨의 딸이자 데이비드의 두 번째 아내. 아버지를 위해 충실한 말동무 겸 주부 노릇을 하며 데이비드가 위크필드의 집에 거주하는 동안 누이 같은 친구가 되어준다. 데이비드의 완벽한 아내로서 그의 집필에 영감을 준다.

스트롱 박사 *Dr. Strong* 데이비드가 캔터베리에서 다닌 학교의 교장. 학자풍이며 사람을 신뢰하는 신사로서 연하의 젊은 여자와 결혼한다. 아내가 부정하다고 비난받지만 아내를 믿는다.

애니 스트롱 *Annie Strong* 스트롱 박사의 젊은 아내. 아름답고 인정 많은 여자이지만 친정집은 사위를 이용한다.

잭 맬던 *Jack Maldon* 애니 스트롱의 사촌. 게으르고 허영심 많은 젊은이. 스트롱 부인과 화해하려 하지만 퇴짜 맞는다.

마클햄 부인 *Mrs. Markleham* 애니 스트롱의 어머니. 억지스럽고 이기적인 여자로서 항상 잭 맬던을 편들어 자기도 모르게 딸과 사위 스트롱 박사 사이에 오해의 소지를 만든다.

스티어포스 부인 *Mrs. Steerforth* 제임스 스티어포스의 어머니. 소유욕이 강한 여자로서 아들을 응석받이로 키워 버릇없는 아이로 만든다. 아들이 죽었다는 소식을 듣고 환자가 되다시피 한다.

로자 다틀 *Rosa Dartle* 스티어포스 부인의 말동무. 스티어포스에게 강한 애정을 지닌 신경질적이고 성미 급한 30대 여자.

리티머 *Littimer* 스티어포스를 수행하는 남자 하인. 격식을 따지는 오만한 인물이고 점잖은 풍모를 지녔지만 스티어포스가 엠리를 유혹하도록 돕는다. 모처 양 때문에 궁지에 몰려 감옥에 간다.

모처 양 *Miss Mowcher* 중년의 난쟁이이며 부유층을 상대하는 미용사. 속임수에 넘어가서 스티어포스가 엠리와 도망가도록 도왔다는 것을 깨닫고 당황한다. 스티어포스를 거든 리티머를 체포하도록 돕는다.

마사 엔델 *Martha Endell* 엠리의 친구. 고생하는 여자이며 수치스러운 과거를 숨기기 위해 런던에 간다. 마사는 엠리를 자기와 비슷한 처지에서 구출함으로써 속죄하며, 엠리가 호주에 도착해 살아가는 모습에서 행복을 찾는다.

스펜로 씨 *Mr. Spenlow* 사무변호사이며 민법박사회관 소속 변호사 사무실의 동업자. 거만하고 귀족적이며, 데이비드와 자기 딸의 결혼을 반대한다.

도라 스펜로 *Dora Spenlow* 데이비드의 첫 번째 아내. 현실 감각 없고 머리

가 빈 여자이며 요리나 집안 살림도 할 줄 모른다. 아내로서는 낙제감
이지만 데이비드는 천진한 미모에 이끌려 결혼한다.

오머 씨 *Mr. Omer* 야머스의 장의업자이며 상복 판매상.

미니 오머 *Minnie Omer* 오머 씨의 딸로, 엠리와 함께 일하는 여자.

조럼 *Joram* 미니 오머의 애인이며 그녀와 결혼해 오머 씨의 동업자가 된다.

퀴니언 씨 *Mr. Quinion* 머드스톤 씨의 동업자.

재닛 *Janet* 벳시 트롯우드의 하녀. 트롯우드를 거들어 잔디밭에서 당나귀
탄 아이들을 쫓는다.

조킨스 씨 *Mr. Jorkins* 모습을 잘 드러내지 않는 스펜로 씨의 동업자. 빈틈
없는 사업가라는 평판이 있지만, 사실은 온순한 사람이며 신입직원을
겁주기 위해 자기 이름을 이용한다.

줄리아 밀즈 *Julia Mills* 도라의 친구. 낭만적인 인물이며 데이비드가 도라
에게 구애하도록 도와준다.

크러프 부인 *Mrs. Crupp* 데이비드의 셋집 주인이며 게으른 여자. 데이비드
의 브랜디를 마셔서 벳시 왕고모와 대립한다.

소피 크룰러 *Sophy Crewler* 트래들스의 애인. 대가족 출신의 참을성 있는
여자. 트래들스와 결혼해 그의 변호사 업무를 돕는다.

Chapter 별
정리
노트

Chapters 1, 2

 유복자 데이비드의 탄생

데이비드는 영국 서포크 주 블런더스톤의 '루커리'에서 금요일 밤 벽시계가 자정을 알리기 시작하는 순간에 유복자로 태어났다. 이웃 여자들과 출산을 거들어준 간호사는 이를 불길한 징조로 여겼다. 그러나 데이비드의 탄생을 두어 시간 앞두고 뜻밖에도 코퍼필드 부인이 한 번도 만나본 적 없는 죽은 남편의 고모 벳시 트롯우드가 찾아온다.

'집안의 으뜸가는 유력자' 트롯우드 여사는 위압적인 여자로 오자마자 집안을 휘어잡고는 태어날 아기가 여자라고 우기면서, '여자' 아기의 이름은 벳시 트롯우드 코퍼필드라고 선언한다. 그녀는 이렇게 말한다. "이번에는 벳시 트롯우드의 인생이 잘못되어선 안 돼. 내가 내 일처럼 돌봐줄 테야."

임박한 출산과 6개월 전 남편의 죽음 때문에 그렇지 않아도 마음이 심란하던 코퍼필드 부인은 벳시 트롯우드의 갑작스러운 출현과 거동 때문에 더욱 불안해진다. 진통이 시작되자 하녀 페거티가 조카 햄을 시켜 의사 칠립을 불러온다. 온순한 칠립은 다른 사람과 마찬가지로 벳시 트롯우드의 퉁명스러움에 질린다. 나중에 칠립이 사내아기를 출산했다고 알려주자 벳시 트롯우드는 말없이 그러나 재빠르게 모자를 집어 들고 집 밖으로 걸어 나가 '뿌루퉁한 요정'처럼 사라진다.

2장에서 데이비드는 널찍하고 신비로운 복도, 아버지가 묻혀 있는 교회무덤, 일요일의 교회풍경, 그리고 젊고 아름다운 어머니와 친절하고 유능한 페거티와 함께 지냈던 어린 시절을 회상한다.

글을 배운 데이비드는 어느 날 페거티에게 책을 읽어주다가 불쑥 이렇게 묻는다. "어떤 사람하고 결혼했는데, 그 사람이 죽으면 그땐 딴 사람하고 결혼해도 되는 거지, 응?" 그 직후에 어머니가 구레나룻이 난 남자와 함께 집에 들어오는데, 데이비드는 첫눈에 그 사람이 싫다. 그 낯선 사내가 돌아간 후 데이비드는 그를 두고 어머니와 페거티가 다투는 소리를 듣는다. 페거티는 어머니가 머드스톤이라고 하는 그 사람의 구혼을 받아들이면 안 된다고 주장한다.

두어 달 후 페거티가 데이비드에게 야머스에 있는 자기 오빠 집에 가서 보름쯤 지내다 오자고 구슬린다. 데이비드는 가고 싶지만 어머니가 어떻게 생각하겠느냐고 묻는다. "엄마가 혼자 살 수는 없잖니." 그는 어리기 때문에 일부러 자기를 보낸다는 것을 모른다. 어머니는 눈물을 흘리며 그와 작별한다. 데이비드는 페거티와 함께 마차를 타고 떠나면서 뒤를 돌아본다. 머드스톤 씨가 어머니에게 다가가서 너무 정에 약하다고 꾸짖는 모습이 보인다.

: 풀어보기

1장은 특히 긴 문장이라든가 이야기가 빈번하게 여담으로 빠지는 등 전형적인 빅토리아 시대*식 소설문체로 되어

---

* **빅토리아 시대**: 1837-1901년의 영국 빅토리아 여왕이 다스린 시기. 산업혁명 등으로 물질적 번영을 구가한 시대로 알려져 있다.

있다. 두 번째 단락은 한 문장으로 89개 단어로 이루어져 있으며, 이보다 더 긴 문장들도 많다. 이 장은 물론이고 소설 전체는 빈번하게 본래 줄거리를 벗어나곤 한다. 네 번째 단락에서는 데이비드가 양막(羊膜)을 뒤집어쓰고 태어났고(길조로 여겨진다.), 그의 집안은 돈을 받고 이것을 처분하려고 했다는 이야기를 담은 장문의 여담이다. 데이비드는 장황하게 옆길로 샜다가 이야기가 너무 '두서없다'고 스스로를 타이르면서 본론으로 돌아온다.

이런 문체상 특징은 디킨스가 살던 당시의 출판관행의 결과였다. 이 소설은 처음에는 잡지 연재물이었다. 연재물의 경우 작가는 단어당 원고료를 받았기 때문에 이야기가 두서없고 몹시 장황해질지언정 가능한 한 많은 단어를 사용했던 것이다.

1장은 또한 디킨스의 성격묘사법을 보여준다. 그는 종종 작품에서 인물을 희화화해 1차원적이고 비현실적으로 그려낸다고 비판받는다. 벳시 트롯우드와 의사 칠립은 둘 다 터무니없이 엉뚱한 인물로 묘사되지만, 이런 해학이 재미난 효과를 내는 것도 사실이다. 당시의 독자들은 이런 '과장된' 묘사를 받아들였고 현실성보다는 재미를 선호했다. 다만 데이비드의 어머니와 하녀 페거티의 성격묘사는 매우 절제되어 있다.

머드스톤 씨의 성격은 2장에서 매우 강렬하게 그려지고 있다. 그의 이름(murder: 살인하다 + stone: 돌)부터가 인

위적으로 만들어져 인물의 성격을 나타내는 디킨스 특유의 수
법을 보여준다. 이 장의 끝부분에 하나의 선이 그어진다 ─ 데
이비드와 페거티는 머드스톤 씨에게 적대적이고, 반면에 천진
난만한 코퍼필드 부인은 그의 친절에 감사한다.

Chapters 3, 4

데이비드, 집을 떠나다

데이비드가 태어날 때 의사를 데려왔던 페거티의 조카 햄이 야머스의 선술집에서 데이비드와 페거티를 기다렸다가 일행을 뭍 위에 올라앉은 낡은 폐선으로 데리고 간다. 배는 '진짜 집'처럼 개조되었는데, 이곳이 페거티 가족이 사는 집이다. 배는 온통 생선 비린내로 진동하지만 그래도 깨끗하며, 배 뒤쪽에 마련된 데이비드의 방은 '내가 본 중에 가장 호감 가는 침실'이다.

데이비드는 이 집의 가장이자 페거티의 홀아비 오빠인 페거티 씨에게 소개된다. 데이비드는 햄과 엠리의 관계를 궁금해 한다. 그는 페거티에게서 두 아이 모두 바다에서 죽은 친척들의 자식이라는 말을 듣는다.

다음날 아침식사 전에 데이비드와 엠리가 바닷가에서 논다. 엠리는 친척들을 많이 앗아간 바다가 무섭다고 말한다. 엠리가 방파제 옆에서 가장 깊은 바다 위로 삐죽 나와 있는 널빤지 위를 달려 나가자 데이비드는 그녀가 떨어질까봐 조마조마하다. 그는 훨씬 훗날 이 일을 회상하면서 그녀가 어리고 순결할 때 익사했더라면 더 좋았을지도 모르겠다고 생각한다. 두 사람은 바닷가에서 조개껍질을 주워가지고 돌아오다가 순진무구한 입맞춤을 교환한다. 데이비드는 자기가 사랑에 빠졌다고 확신한다.

휴가가 끝나고 데이비드와 페거티가 마차를 타고 집으로 돌아온다. 데이비드는 야머스를 떠나는 것이 슬프지만 다시 어머니를 만날 생각에

기쁘다. 그러나 낯선 하인이 나와 그를 맞이하자 어머니에게 무슨 일이 일어났을까봐 겁이 난다. 페거티가 데이비드를 부엌으로 데려가서 진작 알려주지 못해 미안하다고 하면서 어머니가 재혼했다고 일러준다. 데이비드에게 새 '아빠'가 생겼다는 것이다. 뒤이어 그는 거실로 인도되어 머드스톤 씨를 만난다.

4장에서 디킨스는 데이비드의 불행에 초점을 맞춘다. 데이비드는 꼬마 엠리를 생각하며 울다가 잠이 든다. 아침에 페거티와 어머니가 그의 방으로 온다. 어머니는 아이에게 새 아빠와 어머니를 싫어하도록 편견을 심어줬다며 페거티를 나무란다. 머드스톤 씨가 나타나 아내에게 데이비드를 '엄하게' 다루어야 한다고 주의를 준다. 그가 두 여자를 밖으로 내보내려다가 페거티를 불러 안주인을 예전 이름(코퍼필드)으로 부른다고 꾸짖는다. "클라라는 내 성을 따랐단 말이야, 알아듣겠어?" 이어 머드스톤 씨는 데이비드에게 태도를 고치지 않으면 가죽끈으로 혼내주겠다고 협박한다.

저녁식사 후에 마차 한 대가 도착한다. 의붓아버지의 누이 머드스톤 여사가 데이비드의 가족과 함께 지내려고 온 것이다. 남동생 못지않게 냉혹하고 엄격한 그녀는 오자마자 모두에게 자기는 사내아이를 싫어한다고 말한다. 그녀는 보나마나 데이비드의 버르장머리를 가르쳐야 할 것이라고 말한 후 즉시 열쇠꾸러미를 꿰차고 집안 살림을 모두 떠맡는다. 그녀와 남동생은 점차 데이비드의 어머니를 협박하기 시작하고, 마침내 어머니는 자기 집에서 이방인이 되고 만다.

어느 날 아침 데이비드가 수업을 받으러 가보니 머드스톤 씨가 벌써 와서 지팡이를 치켜들고 휘두르고 있다. 수업이 제대로 되지 않자 의붓아버지는 데이비드를 2층으로 끌고 가서 때리려고 한다. 그러자 데이비드는 말 그대로 '자기를 먹여 살리는'—지금은 자기를 짓누르고 있는—손을 물어뜯는다. 데이비드는 죄인처럼 닷새 동안 자기 방에 감금되어 아침 운동과 저녁기도 시간에만 나올 수 있다. 닷새째 되는 날 페거티가 몰래 올라와서 열쇠구멍을 통해 내일이면 런던 근처의 학교로 보내질 것이라고 알려준다.

다음날 아침 데이비드는 전에 탔던 낯익은 마차를 타고 학교로 간다. 어머니는 슬퍼하면서 처음에는 데이비드에게 "좋은 사람이 되도록 기도하거라" 하고 타이르다가 나중에는 불쑥 "난 너를 용서한다, 얘야. 몸조심해" 하고 속마음을 드러낸다.

　　페거티의 집에 머무는 동안 데이비드는 평생 잊을 수 없는 목가적인 생활을 경험한다. 그 가난한 가정의 단순소박한 따뜻함은 데이비드가 곧 자기 집에서 겪게 될 냉랭함과 대조를 이룬다. 친절한 페거티 씨는 자기소개를 하면서 '우리가 거칠게 느껴지겠지만, 기꺼이 모실 준비가 되어 있다는 걸 알게 될 것'이라는 말로 성품을 드러낸다. 그는 그 집에 함께 사는 거미지 부인과 대조가 된다. 거미지 부인은 줄곧 "나는 외롭고 버림받은 변변치 못한 년이오. 뭐 하나 뜻대로 되는 게 없다우" 하고 불평한다. 디킨스의 등장인물들은 한결같이 자신의 성격을 나타내는 별난 이름과 함께 독특한 말버릇을 가지고 있다. 거미지 부인은 나중에는 또 다른 성품을 드러낸다.

Chapters 5, 6

세일럼 하우스 학교에 입학하다

마차가 반 마일쯤 가다가 멈춰서자 페거티가 생울타리에서 나타난다. 그녀는 아무 말 없이 그에게 과자와 돈 지갑을 건넨다. 지갑에는 종이에 싼 동전이 들어 있고, 종이쪽지에는 어머니의 필적으로 '사랑하는 내 아들 데이비에게'라고 적혀 있다.

마부 바키스—자기가 모는 말 못지않게 동작이 느리다—가 데이비드를 위로한다. 데이비드가 과자를 한 개 건네자 그는 '코끼리처럼 단숨에' 집어삼킨다. 바키스는 수줍어하면서 페거티의 요리솜씨에 관해 질문하고, 또 그녀에게 '애인'이 있느냐고 묻는다. 데이비드가 없다고 대답하자 마부는 그녀에게 '바키스가 좋아한다'고 전해 줄 것을 부탁한다. 데이비드는 그게 무슨 뜻인지 모른다. (나중에 데이비드는 페거티에게 보내는 편지에 이 특별한 청혼을 언급한다.)

데이비드가 잠든 동안 마차는 런던 방향의 첫 번째 역인 야머스에 도착한다. 바키스는 데이비드를 어느 선술집에 데려가 '머드스톤'이라는 이름을 대고 음식을 주문한다. 데이비드 앞으로 음식이 나오지만 웨이터가 음식에 관해 겁나는 이야기를 들려주고 나서는 거의 다 자기가 먹어치운다.

여행은 밤새도록 계속되지만 데이비드는 사람들이 꽉 들어찬 마차 안에서 잠을 이루지 못한다. 아침이 되어 마차는 '이 세상 어느 도시보다 경이로움과 사악함으로 가득 찬' 런던에 도착한다. 그를 마중 나온 사람은 아무도 없다. 나이가 '여덟 살과 아홉 살 사이'밖에 안 된 데이비드는 자기가 계획적으로 버려진 것이 아닌가, 하고 걱정한다. 얼마 후 얼굴이 수척하고 옷차림이 꾀죄죄한 젊은 교사 멜이 그를 데리러 온다. 데이비드는 먹을 것을 사가지고 그와 함께 어느 구빈원을 찾아간다. 그곳에는 가난에 찌든 그 교사의 어머니가 살고 있다.

이 짧은 방문이 끝나자 데이비드는 마침내 새로 다니게 될 세일럼 하우스 학교에 도착한다. '온통 잉크로 얼룩진' 낡아빠진 건물에서는 썩은 냄새가 진동한다. 잔인한 인상에 의족을 한 남자가 데이비드에게 문을 열어준다. 알고보니 방학중이라 학생들은 모두 집에 갔고, 데이비드는 벌로 학교에 일찍 보내진 것이었다. 데이비드는 운동장의 낡은 문에 새겨진 학생들의 이름을 보면서 그들이 어떤 아이들일까 추측해 본다.

한 달쯤 지나 데이비드는 전직 호프 판매상이고 현재는 세일럼 학교의 소유주인 잔혹한 크리클 씨에게 소개된다. 머리가 벗겨지고 목소리가 작은 크리클 씨는 줄곧 의족을 한 사내를 데리고 다니는데, 그는 '큰 목소리로 학생들에게 크리클 씨의 말을 통역하는' 역할을 한다. 크리클 씨는 데이비드의 귀를 꼬집어 당기면서 '줄로 이빨을 갈아야 할 젊은 신사'라고 부른다. (그는 데이비드가 늘 다른 사람들을 물어뜯는다고 잘못 알고 있다.) 그러면서 자기가 '다행히도 데이비드의 의붓아버지와 잘 아는 사이'라고 말한다.

다음날 아침 또 한 명의 교사이자 멜 선생님의 상급자인 샤프 씨가 토미 트래들스와 함께 돌아온다. 데이비드는 운동장 문에 새겨놓은 그 학생의 이름을 본 적이 있다. 이제는 다른 학생들도 돌아와서 데이비드를 놀려대지만 트래들스 덕분에 생각했던 것보다 지내기가 힘들지 않다. 데이비드는 고참학생이며 학생대표로 인정받는 J. 스티어포스를 만난다. 그는 데이비드가 받은 벌이 '대단한 수치'라고 말한다. 스티어포스와 데이비드는 기숙사 생활을 같이 하면서 친해진다. 데이비드가 그에게 돈을 맡겨놓았기 때문이다. 스티어포스는 그 돈으로 포도주와 비스킷을 사 가지고 와서 함께 저녁 특식을 먹는다. 다른 학생들도 이 '진수성찬'에 참여하고, 데이비드는 그들과 학교 이야기를 하면서 즐긴다.

5장에서 순진하고 고지식한 데이비드가 선술집에서 겪은 일은 바깥세상에서 경험하는 사건 중 그 첫 번째다. 그는 여행중일 때나 학교에서도 놀림감이 된다. 그는 페거티와 어머니가 보고 싶어 향수에 빠지며, 야머스를 떠나 여행할 때 거리에서 노는 아이들을 보면서 "저 애들의 아버지는 살아 있을까, 저 애들은 집에서 행복할까?" 하고 생각한다. 데이비드 자신은 불행하며, 늘 불안해 하면서도 개학을 손꼽아 기다린다.

6장에서 독자들은 스티어포스의 이름(steer: 나아가다 + forth: 앞으로)에 함축되어 있는 리더십에 관심을 갖게 된다. 데이비드는 스티어포스의 친절한 태도에 감명 받아 자기 돈으로 선심을 썼다는 것을 눈치 채지 못한다. 이 장에서 장차 벌어질 사건의 불길한 전조가 나타난다. 스티어포스가 데이비드에게 누이동생이 있느냐고 물으면서, 있다면 소개해 달라고 말하는 것이다. 데이비드에게는 누이동생이 없지만, 독자는 데이비드를 닮은 꼬마 엠리를 떠올리게 된다.

Chapters 7, 8

방학

크리클 씨는 다음날 개학하면서 데이비드를 포함해 아주 많은 학생들을 지팡이로 때린다. 디킨스는 "수업이 시작되기 전에 학급의 절반이 몸부림치며 울었다"고 쓰고 있다. 학교생활에 관해 데이비드가 가장 생생하게 기억하는 일은 그 매질과 함께 '반 년 동안 매일 지팡이로 얻어맞은…' 불쌍한 트래들스가 받은 학대다.

학과수업 자체는 소란스럽고 '아주 끔찍한' 분위기에서 진행되기 때문에 학생들은 '너무 시달리고 두들겨 맞아 공부할 수가 없다'. 어느 날 평소에는 온화한 멜 선생님(데이비드는 그에게 동정심을 갖고 있다.)이 특히 스티어포스를 지목하며 학생들에게 조용히 하라고 말한다.

스티어포스가 멜 선생님을 '거지'라고 모욕하면서 다른 학생들도 그 욕설에 동조하도록 부추긴다. 그때 크리클 씨가 교실에 들어와 스티어포스의 편을 들면서 그 가엾은 교사에게 한층 더 모욕을 가한다. 스티어포스는 모두에게 멜 선생의 어머니가 구빈원에서 살고 있다고 알려준다. (이 정보는 데이비드가 별 뜻 없이 그에게 알려준 것이었다.) 크리클 씨는 그 교사를 더 괴롭히다가 그 자리에서 해고해 버린다.

어느 날 페거티 씨와 햄이 해산물을 가지고 데이비드를 찾아와서는 페거티 일가의 소식을 전한다. 데이비드가 꼬마 엠리에 관해 묻자, 페거티 씨가 그 애는 '처녀 티가 나기 시작한다'고 말한다. 스티어포스가 나타나자 페거티 씨와 햄은 야머스에 들를 일이 있으면 한 번 놀러오라고 초대한다.

한 학기가 지나고 서리 내리는 가을이 왔다. 데이비드는 방학이 되어 집에 갈 날을 손꼽아 기다린다. 마침내 학기가 끝나고 데이비드는 어머니를 만나러 마차를 타고 장거리 여행을 시작한다.

데이비드는 귀향길 첫날밤을 야머스의 어느 여인숙에서 묵는다. 다음날 아침 바키스 씨가 마차를 타고 와서 그를 부른다. 데이비드가 전에 부탁한 메시지를 페거티에게 전달했지만, '아무 소득이 없었다'고 알려준다. 그는 데이비드에게 다시 한 번 그녀에게 그 얘기를 전하고 자기가 '답장을 기다린다'고 말해 달라고 부탁한다. 어린 데이비드는 여전히 그것이 청혼임을 알아차리지 못한다.

데이비드가 집에 도착해 보니 어머니는 거실에 있다. 그는 어머니가 갓난아기를 안고 있는 것을 보고 깜짝 놀라고, 어머니는 아기가 그의 남동생이라고 소개한다.

머드스톤 씨 남매가 외출중이어서 페거티와 데이비드, 어머니는 함께 저녁을 들고 즐거운 시간을 보낸다. 데이비드는 다시 바키스의 메시지 이야기를 꺼내고 그제서야 그 의미를 알게 된다.

데이비드의 어머니는 페거티에게 떠나지 말라고 애원하고, 페거티는 그러마고 굳게 약속한다. 데이비드는 어머니의 건강이 나빠지고—손이… 몹시 야위고 하얗다—'불안스러워하며 허둥대는' 것을 눈치 챈다. 그러나 익숙한 환경에 젖어 긴장이 풀린 데이비드는 어머니에게 학교에서 일어났던 일을 이야기하기 시작한다.

머드스톤 씨 남매는 그날 밤 늦게 돌아온다. 데이비드는 다음날 아침 의붓아버지에게 전에 손을 물어뜯었던 일에 대해 사과한다. 그러나 나중에 데이비드는 아기를 안아 올리다가 머드스톤 여사에게 저지당하고, 어머니는 두 아들의 생김새를 비교하다가 꾸지람을 듣는다. 데이비드는 자기가 있으면 모두가, 심지어 어머니까지도 거북스러워한다고 느끼고 저녁시간을 페거티와 함께 부엌에서 보내기 시작한다. 하지만 그는 '하녀들과 어울리지 말라'는, 그리고 낮에는 자기 방에 틀어박혀 있지 말라는 엄명을 받는다. 이렇게 방학이 '어물어물 지나가고' 다시 학교로 떠날 때가 되지만 데이비드는 슬퍼하지 않는다. 그는 다시는 어머니를 못 보게 된다.

풀어보기

7장은 데이비드가 존경하는 스티어포스의 성격을 더 상세히 묘사하지만, 실상 그는 자기 목적을 위해 남을 이용하는 불량배다. 데이비드는 '그가 나를 비웃을까봐 두려워' 엠리에 관해 이야기하지 못하지만, 두 사람은 나중에 만나게 되고 스티어포스는 결국 그녀를 파멸시킨다. 스티어포스는 세련되고 잘생긴 외모를 무기로 삼아 사람들을 대한다. 데이비드처럼 햄과 페거티 씨도 그를 교양 있는 신사라고 믿는다. 트래들스는 온갖 불운을 겪지만, 그래도 가장 인간적인 학생이다.

잔인한 크리클 씨가 우두머리로 있는 이 학교를 사악하게 그린 것은 그 당시 학교들에 대한 디킨스의 항의이기도 하다. 디킨스는 런던에 있는 웰링턴 아카데미에 다녔는데, 이것은 아마도 자신의 학교생활을 빗댄 이야기일 것이다.

8장에서는 어머니에 대한 사랑과 어머니 가까이에 있고 싶은 바람, 머드스톤 씨 남매에 대한 지독한 증오 사이에서 데이비드가 겪는 심한 갈등이 강조된다. 머드스톤 씨 남매는 어머니를 완전히 손아귀에 넣었기 때문에 그녀는 결국 페거티와 다투는 중에 새 남편과 시누이를 옹호하게 된다. 이런 상황에서는 자기와 어머니 사이의 틈새를 메울 수 없다고 깨닫는 데이비드에게서 서서히 성숙함이 나타난다.

Chapters 9, 10

 어머니의 죽음

3월의 어느 안개 낀 날, 데이비드는 학교에서 열 번째 생일을 맞는다. 그날 데이비드는 크리클 씨의 거실로 불려가면서 페거티가 바구니를 들고 왔겠거니, 하고 기대한다. 그러나 교장의 아내는 그에게 어머니가 돌아가셨다고 알려준다. 데이비드는 "진정한 슬픔에 잠긴 아이가 있다면, 그것은 나였다"고 말한다. 그는 세일럼 하우스에 '두 번 다시 돌아오지 못하리라'고는 생각하지 못한 채 다음날 야간마차 편으로 집에 돌아갈 준비를 한다.

야머스에서 데이비드를 마중나온 사람은 세 딸과 함께 장의업으로 생계를 꾸려가는 재단사 오머 씨다. 데이비드는 상복을 가봉하고 나서 차를 마시다가 그 장의업자로부터 어린 동생도 죽어서 '엄마 품에 안겨 있다'는 사실을 알게 된다.

집에 돌아온 데이비드를 페거티가 맞이해 머드스톤 씨조차 입을 다물고 있는 조용한 집 안으로 데리고 들어간다. 머드스톤 여사는 매일 태연하게 책상 앞에 앉아서 편지를 쓰고, 머드스톤 씨는 말없이 앉았다가 서성거리기를 반복한다. 장례식을 하루이틀 앞두고 페거티가 데이비드를 어머니 방으로 데려가 안치되어 있는 시신을 보여준다.

장례식 후에 머드스톤 여사는 한 달간의 말미를 주어 페거티를 해고하고, 데이비드가 학교에 돌아가지 못할 것이라고 암시한다. 머드스톤

씨 남매가 데이비드의 존재를 거의 무시했기 때문에 그는 다시 한 번 부엌에서 페거티와 이야기를 나눌 수 있게 된다. 그녀는 자기가 야머스로 돌아가게 되었다면서, 어쩌면(머드스톤 씨 남매가 승낙하면) 데이비드도 잠시 그곳에 와서 함께 지낼 수 있을 것이라고 말한다. 머드스톤 여사가 이를 허락하자 바키스가 와서 두 사람을 마차에 태워 길을 나선다.

바키스가 페거티에게 그녀의 '형편'에 대해 장난치듯 묻는 가운데 마차가 덜컹거리며 굴러간다. 일행이 야머스에 도착하니 햄과 페거티 씨가 마중을 나와 있다. 도중에 페거티는 '귀여운 데이비가… 반대만 않는다면' 바키스와 결혼할 생각이라고 털어놓는다. 데이비드는 좋다고 말한다.

뱃집은 전과 다름없다. 다만 꼬마 엠리가 더 아름답게 성장해 가족의 사랑을 받고 있다. 페거티가 스티어포스에 관해 질문하고, 데이비드가 그의 고상한 성품을 장황하게 설명하는 동안 꼬마 엠리가 유심히 경청한다. 그날 밤 데이비드는 '크면 꼬마 엠리와 결혼하게 해달라'고 기도한다.

매일 저녁 바키스가 선물을 가지고 와서 페거티가 바느질하는 동안 말없이 거실에 앉아 있는다. 데이비드의 휴가가 끝나갈 무렵의 어느 날 데이비드와 꼬마 엠리, 페거티와 바키스 씨가 함께 여행을 떠난다. 바키스 씨가 어느 교회 앞에 마차를 세우고 페거티와 안으로 들어간다. 엠리와 단 둘이 남게 되자 데이비드가 사랑을 고백하고, 엠리는 입맞춤을 허락한다. 데이비드는 교회에 들어갔던 바키스 씨와 페거티가 방금 결혼했다는 사실을 알게 된다.

머드스톤 씨 집으로 돌아온 데이비드는 다시 냉대를 받는다. 그는 허구한 날 책을 읽거나 몽상을 하며 지내다가 가끔 의사 칠립 씨를 만나러 간다. 페거티는 매주 한 차례 데이비드를 만나러 온다. 그녀가 한 번은 바키스 씨는 '어지간히 구두쇠'라고 말한다.

어느 날 머드스톤 씨가 데이비드에게는 교육이 전혀 소용 없다면서 지금 필요한 것은 세상과의 싸움이며, '빠르면 빠를수록 좋다'고 말한다.

포도주 사업을 하는 머드스톤 앤 그린비 상사의 지배인 퀴니언 씨가 데이비드를 런던으로 데려가기 위해 집에 와 있다. 데이비드는 그곳에서 '음식을 제공받고 용돈을 받는' 조건으로 일하게 된다는 것이다. 데이비드는 머드스톤 씨 남매가 자기를 아예 쫓아낼 작정임을 깨닫는다.

9장의 서글픈 이야기는 부분적으로 데이비드의 심리적 행위에 의해 균형이 잡힌다. (학교에서의) 마지막 날, 자기가 동급생들 사이에 관심의 초점이 되어 '일종의 만족감'을 얻으면서 '유명해졌다'고 느낀다. 이러한 심리적 균형은 관과 상복 등에 둘러싸여 있으면서도 아랑곳하지 않고 사랑놀음을 계속하는 오머 씨의 딸과 남자친구의 태도에서도 나타난다. 디킨스는 이 장에서 삶은 계속된다고 말하는 듯이 보인다. 인간은 불행에 처해서도 즐거움을 찾는다는 것이다.

10장에서는 데이비드와 페거티 일가의 친분이 굳어져 앞으로도 관계가 지속될 것임을 암시한다. 데이비드가 스티어포스의 미덕에 관해 열성적으로 설명하는 것은 스티어포스도 역시 다시 등장하리라는 암시다. 그리고 데이비드의 이런 칭송에 꼬마 엠리가 눈을 크게 뜨고 관심을 갖는 것도 앞으로의 사태발전을 암시한다.

머드스톤 씨 남매에게 돌아간 후 데이비드가 처한 괴로운 삶은 디킨스의 고전적인 주제 가운데 하나다. 즉, '어린이에 대한 잔인한 무관심'이 신체적 학대보다 더 나쁘다는 것이다. 데이비드는 "세상에서 가장 엄격한 학교에라도 보내주면 얼마나 좋을까!"라고 말한다.

Chapters 11, 12

지긋지긋한 공장생활

　머드스톤 앤 그린비 상사의 창고는 부두에 있다. 건물 전체는 쥐가 들끓고 '수백 년 묵은 먼지와 연기로 퇴색된' 곳이다. 데이비드는 같은 또래의 아이들 서너 명과 함께 병을 물로 씻고 상표 붙이는 일을 하게 된다. 데이비드는 앞으로 같이 살게 될 미코버 씨를 소개받고, 이어 작업장에 배치된다. 저녁 여덟 시에 미코버 씨가 돌아와 데이비드를 자기 집으로 데려가서 아내와 어린 자녀들에게 소개한다.

　데이비드는 미코버 씨가 빚 때문에 부득이 하숙을 치게 되었다는 말을 듣는다. 나중에는 빚쟁이들이 시도 때도 없이 집 앞에 나타나는 것을 보게 된다. 그러나 미코버 씨는 빚쟁이들이 돈을 내놓으라고 윽박질러도 '무슨 수가 나겠지' 하는 믿음 때문에 평정을 잃지 않는 것 같다.

　데이비드는 미코버 씨를 도우려고 급료를 꾸어주겠다고 했지만, 미코버 부인은 그보다는 음식 살 돈이 필요하다면서 집안 세간을 가지고 전당포에 다녀와 달라고 부탁한다. 한동안은 그 돈으로 그럭저럭 지낸다. 그러나 마침내 미코버 씨가 체포되어 채무자 감옥에 가고, 얼마 후 가족들도 그곳으로 따라가서 함께 지낸다. "그들은 (그곳에서) 바깥에서 살던 것보다… 더 편하게 살게 되었다"고 데이비드는 말한다. (당시 영국의 감옥은 투옥된 채무자들이 가족과 동거하도록 허용했다.)

　데이비드는 감옥 근처에 조그만 방을 세내어 쓸쓸한 생활을 이어간다.

"

머드스톤 앤 그린비 상사의 창고작업은 하찮은 일인데다가 그곳에서 일하는 다른 애들은 신분이 비천한 개구쟁이들이다.

미코버 씨는 석방을 앞두고 감옥 안에서 축하연을 열고, 미코버 부인은 어떤 어려운 일이 있더라도 '미코버 씨를 결코 버리지 않을 것'이라고 데이비드에게 맹세한다.

석방된 미코버 씨는 '자신의 재능을 발휘할 수 있는' 플리머스로 이사 가기로 결심한다. 이에 영향을 받은 데이비드는 '머드스톤 앤 그린비 상사에서의 지긋지긋한 나날들'을 끝내고 유일한 친척이자 그의 어려운 처지를 동정해 줄 사람이라고 여겨지는 왕고모 벳시 트롯우드에게로 도망가기로 한다.

데이비드는 페거티에게 편지를 써서 왕고모의 주소를 묻고, 여행경비로 반 기니*를 빌려달라고 부탁한다. 답장이 오자, 그는 짐차를 갖고 있는 어느 젊은이를 고용해 트렁크를 마차 매표소까지 실어다 달라고 하지만, 그 낯선 젊은이는 그의 반 기니를 훔쳐 트렁크를 실은 채 달아난다. 데이비드는 짐도 돈도 없이 런던에 혼자 남게 된다.

11장에서 묘사한 배경은 디킨스의 어린 시절을 보여주며, 미코버 씨는 그의 아버지를 희화화한 인물이다. 데이비드가 머드스톤 앤 그린비 상사에서 맛보는 굴욕감은 바로 작가

---

* **기니**(guinea): 21실링에 해당하는 영국의 옛 금화.

자신이 어린 시절에 느꼈던 감정이기도 하다. 찰스 디킨스가 아홉 살 때 아버지는 가족과 함께 채무자 감옥에 갔고, 디킨스는 구두약 공장에서 유리병에 상표를 붙이는 견습공이 되었다. 그의 부모는 디킨스의 처지, 특히 교육에 별 관심이 없었던 것으로 보인다. 소설에서는 미코버 씨 부부가 유머러스하게 다루어지고 있지만, 디킨스는 결코 자기 부모를 용서하지 않았으며 자기가 고아나 다름없이 자랐다고 생각했다.

12장은 앞서 데이비드의 하숙집 주인으로 소개되었던 미코버 씨 부부의 성품을 드러낸다. 데이비드와 미코버 일가 사이의 좋은 감정은 그들의 관계가 장차 깊은 우정으로 무르익어 가리라는 것을 암시한다.

또한 데이비드는 고된 일로부터 도피해 왕고모를 찾아 나서면서 더한층 곤경에 처하게 된다. 이 장면은 어린이에게 힘든 일을 시키는 사회에 대한 디킨스의 항의를 보여주는 사례인데, 이 같은 예는 디킨스의 작품 곳곳에서 찾아볼 수 있다.

Chapters 13, 14

왕고모와 시작하는 새로운 생활

데이비드는 도버에 사는 왕고모 벳시 트롯우드를 찾아가기로 결심하고 걸어서 길을 나선다. 그는 중고품 옷가게를 지나다가 조끼를 싼 값에 팔고, 그날 밤은 세일럼 하우스 학교 근처의 건초더미에서 잠을 청한다.

데이비드는 엿새 동안 여행한 끝에 '먼지를 뒤집어쓰고 햇볕에 그을린 반쯤 벌거벗은 몰골'로 도버에 도착해 왕고모에 관해 알아본다. 그는 몇 차례 수소문한 끝에 벳시 트롯우드의 집을 찾아간다. 왕고모는 정원에 있다가 남루한 옷차림의 개구쟁이를 발견하고는 "썩 꺼져! 저리 가! 사내아이는 필요 없어!" 하고 단호하게 명령한다. 그러나 데이비드가 신분을 밝히고 어머니가 세상을 떠난 후 아주 불행하게 살아왔다고 말하자, 왕고모는 열렬하게, 덧붙여 말하면 느닷없이, 그를 받아들인다.

벳시 트롯우드는 하녀 재닛에게 목욕물을 데우게 하고, 그 사이 데이비드에게 수프를 먹인다. 낮잠을 자고 난 데이비드는 푸짐한 식사를 하고, 그 동안 벳시 트롯우드는 (어머니의) 재혼이 어리석은 짓이었다고 말한다. 그들의 대화는 왕고모가 "재닛! 당나귀!" 하고 소리를 지르면서 중단된다. 갑자기 왕고모와 하녀 재닛이 밖으로 달려 나가 당나귀 탄 아이들을 잔디밭에서 쫓아낸다. 이 집에서는 그런 일이 자주 벌어진다.

이 집에는 왕고모 벳시 트롯우드와 하녀, 왕고모가 친구로 삼고 있는 인상 좋은 얼간이 딕 씨가 살고 있다. 모두가 친절해서 데이비드는 찾아

오길 잘했다고 생각한다.

다음날 아침식사 때 왕고모가 데이비드의 의붓아버지에게 편지를 썼다고 말한다. 데이비드는 자기를 돌려보내지 말아달라고 애원하지만 왕고모는 언질을 주지 않는다.

데이비드는 영국의 대법관을 위해 장문의 회고록을 집필중인 딕 씨(실제 이름은 리처드 바블리이지만 그는 이 이름을 싫어한다.)의 방에 들른다. 딕 씨는 원고가 일부 완성되면, 원고지를 가지고 커다란 연을 만든다. 그는 이런 식으로 (연을 띄워) '사실을 멀리까지' 퍼뜨린다. 그가 정신은 이상해도 해는 끼치지 않는 친절한 사람이라고 데이비드는 생각한다.

벳시 트롯우드가 보낸 편지에 답장이 도착한다. 머드스톤 씨 남매가 와서 데이비드에 관해 직접 얘기하겠다는 내용이다. 데이비드는 그들

이 찾아온다는 말을 듣고 간담이 서늘해진다. 다음날 머드스톤 씨 남매가 방문하는데, 타고 온 당나귀들을 끌고 집 앞 잔디밭을 가로지르다가 벳시 트롯우드의 화를 돋운다. 마침내 두 남매가 집에 들어오고, 데이비드의 의붓아버지는 그동안 반항적인 아이 때문에 어려움이 많았다고 이야기한다. 왕고모는 데이비드의 이해관계, 특히 그가 받을 연금문제가 제대로 처리되지 않았고, 그의 어머니가 학대받았다는 말로 반격한다. 화가 난 머드스톤 씨는 데이비드가 돌아오지 않겠다면 '내 집 문을 그 애에게 열어주지 않을 것'이라고 말한다.

왕고모가 데이비드에게 돌아갈 마음이 있느냐고 묻고, 데이비드는 아니라고 대답한다. 이어 왕고모가 딕 씨에게 이 애를 앞으로 어떻게 하면 좋겠느냐고 묻자, 딕 씨는 잠시 생각하더니 "당장 이 애에게 옷을 한 벌 맞춰주세요"라고 말한다. 왕고모는 그의 분별력에 감사를 표한 다음에 마지막으로 머드스톤 씨 남매에게 몇 마디 쓴소리를 해주고 나서 그들을 집 밖으로 안내한다. 이제 데이비드에게는 새로운 후견인들이 생기고, 왕고모는 앞으로 그를 '트롯우드 코퍼필드'로 부르겠다고 선언한다. 이렇게 해서 데이비드는 새 생활을 시작한다.

13장에서 디킨스는 대중적인 악한소설 또는 모험담의 요소들을 도입하고 있다. 디킨스의 생존 당시에 정착된 이런 류의 소설은 주인공이 아슬아슬하고 연관성 없는 사건들을 거치며 방랑여행을 한다. 주인공은 자기를 속이거나 이용해 먹으려는 여러 부류의 사람들(대개 하층민)과 마주치면서 임기응변으로 대처할 수밖에 없다. 주인공이 각계각층의 사람들을 만나기 때문에 작가는 특정 시기의 삶의 모습을 만화경처럼 광범위하게 그릴 수 있다.

14장에 나오는 벳시 트롯우드의 진정한 성격은 1장에서 보여준 퉁명스러운 겉모습의 바탕에 온정적인 마음이 깔려 있음을 드러내는 디킨스 특유의 방식이다. 또한 딕 씨를 보호하고 머드스톤 씨 남매를 본능적으로 배척하는 데서 입증되는 성격에도 주목할 필요가 있다.

Chapters 15, 16

 애그니스를 만나다

데이비드는 캔터베리에 있는 학교에 다니기로 결정된다. 다음날 벳시 트롯우드가 그를 데리고 길을 나선다. 두 사람은 캔터베리에서 변호사 위크필드 씨의 사무실을 찾아갔다가 문간에서 열다섯 살 가량의 빨강 머리 유리아 히프의 환영을 받는다. 벳시 트롯우드는 데이비드를 어느 학교에 입학시켜야 할지 자문을 받으러 온 것이다. 위크필드 씨는 왕고모를 데리고 '일류 학교'를 찾아가고, 그 동안에 데이비드는 눈이 '두 개의 빨간 태양' 같은 유리아 히프를 관찰한다.

왕고모는 학교는 마음에 들지만 마땅한 하숙집이 없다면서 일단 데이비드를 위크필드 씨 집에 하숙시키기로 결정한다. 데이비드는 그 집에서 같은 또래인 위크필드 씨의 딸 애그니스를 만나고, 이어 자기 방으로 안내된다. 왕고모는 데이비드에게 "네 자신과 나와 딕 씨에게 자랑거리가 되거라"라고 이르고는 포옹해 주고 나서 작별한다.

그날 저녁식사 후에 데이비드는 위크필드 씨가 술을 많이 마신다는 것을 알게 된다. 잠자리에 들기 직전 데이비드는 유리아가 사무실 문을 닫는 것을 보고 잠시 대화를 나누고는 잘 자라고 인사하면서 유리아의 손을 잡는다. "그러나, 아. 손이 너무 끈적끈적했다! 만지기에도 보기에도 유령 같았다. 나중에 내 손을 비벼 따뜻하게 하고 그의 손을 문질러 없앴다."

다음날, 학교에 다니기 시작하면서 데이비드는 새로운 스승 스트롱 박사에게 소개된다. '흐리멍덩한 눈'에 옷은 아무렇게나 입은 그는 필생의 사업으로 완성 가망이 없는 방대한 사전을 집필중이다. 스트롱 박사에게는 그보다 훨씬 젊고 아름다운 아내 애니가 있다. 위크필드 씨와 스트롱 선생님의 대화중에 데이비드는 애니의 사촌 잭 맬던 씨에 관한 이야기를 듣는다. 위크필드 씨는 게으름뱅이가 분명한 그를 위해 적당한 대책을 강구해 보려고 노력하고 있다.

학교 분위기는 매우 흥겨웠지만, 데이비드는 또래들과 어울려본 지가 오래되었기 때문에 잘 지낼 수 있을지 불안하다. 그는 새로운 처지에 대한 걱정으로 첫날은 학교가 파하자마자 다른 학생들과 만나지 않기 위해 서둘러 집으로 돌아간다.

그날 저녁식사 후에 위크필드 씨는 평소처럼 술을 많이 마신다. 데이비드는 애그니스와 가까워진다. 그는 엠리를 사랑한다고 다짐하면서도, "애그니스가 있는 곳은 어디든지 선량함과 평화, 진실이 있다"고 느낀다.

잠자리에 들 시간이 되었을 때 데이비드는 유리아 히프가 여전히 사무실에서 두툼한 책을 열심히 읽고 있는 모습을 눈여겨본다. 히프는 법률 공부를 하고 있다면서, 하지만 자기는 위크필드 씨의 동업자가 되기에는 너무 '비천하다'고 말한다. 데이비드에게도 '그 업계에 들어오라'고 권하지만 데이비드는 '그럴 의도'는 없다고 힘주어 말한다.

데이비드는 같은 집에 하숙하는 다른 학생들을 통해 스트롱 박사에 관해 더 많이 알게 된다. 연로한 박사는 아름다운 젊은 여자와 결혼한 지 1년도 채 안 되었는데, 그 사이 수많은 처가쪽 인척들을 부양해야만 했다. 그 중 한 사람이 애니 스트롱의 친정어머니—학생들은 '노병(老兵)'이라고 부른다—마클햄 부인이다.

위크필드 씨의 주선으로 '마침내 일종의 수습생 자격을 얻어' 인도로 떠나게 된 잭 맬던을 위해 어느 날 밤 조촐한 파티가 열린다. 이 날은 스트롱 박사의 생일이기도 하다. 마클햄 부인이 사위에게 '행복한 보답을 많이' 받으라고 기원하면서 그동안 자기 가족에게 베풀어준 도움에 감사를 표시한다. 그러나 그 와중에도 이기적인 태도를 분명히 드러낸다. 그녀는 또 잭 맬던이 "코퍼필드 도련님보다 머리 하나는 더 작은 꼬마였을 때 애니에게 풋사랑을 주었다…"고 회상하기도 한다.

그날 저녁 내내 젊은 스트롱 부인은 안절부절못하는 것처럼 보인다. 그녀는 '매우 노래를 잘하는'데도 사촌 잭 맬던과 이중창을 부르지 못하고, 이어 독창을 하려다가 목소리가 가늘어지며 '피아노 위에 머리를 축 늘어뜨리고' 만다.

맬던이 떠날 때 데이비드는 그가 '손에 버찌색 물건'을 들고 있는 것을 목격한다. 그 직후에 애니가 멍한 상태로 발견되는데, 친정어머니는 딸의 '버찌색 리본'이 없어졌음을 눈치 챈다. 애니는 조금 전에 리본을 잘 간수해 놓은 것 같다고 말한다.

15장에서 독자들은 영국 문학에서 가장 주목할 만한 악당 중 한 명, 즉 유리아 히프를 만나게 된다. 그는 장차 여러 등장인물들의 삶에 중요한 영향을 미치지만, 아직은 소년에 불과해 야심을 품고 있는지는 확실치 않다. 디킨스는 유리아 히프를 신체적으로 매우 불쾌하고 역겨운 인물로 묘사한다.

위크필드 씨는 선량한 사람임이 분명하지만, 독자들은 벌써 그의 약점을 간파한다. 매일 밤 취침 전에 술을 너무 많이 마신다는 것이다. 그는 딸에게 헌신적이며, 딸도 마찬가지로 아버지에게 헌신적이다.

16장에서 데이비드는 적응기간을 거친 후 스트롱 박사의 학교에서 즐겁게 지내는데, 그럴 만한 이유가 있다. 이 학교는 '매우 훌륭해서 크리클 씨의 학교와는 하늘과 땅만큼 차이가 있다'. 이 학교는 '모든 것을 학생들의 명예와 성실성에 호소하며', 학생들은 '학교를 운영하고 학교의 특성과 위엄을 지키는 일에 참여'하고 있다는 느낌을 갖는다. 그 같은 학교가 디킨스 시절에는 사실상 존재하지 않았음에 비추어 볼 때, 그가 시대를 훨씬 앞서가는 교육관을 지녔다는 것을 알 수 있다.

Chapters 17, 18

 열일곱 풋사랑

데이비드는 페거티에게 보내는 편지에 빌린 돈 반 기니를 동봉한다. 페거티는 답장을 통해 머드스톤 씨 남매가 블런더스톤의 집에서 이사 나가면서 집을 '세 놓거나 경매에 붙이기 위해 문을 닫아놓았다'는 소식을 전한다.

왕고모는 가끔 학교로 데이비드를 찾아오고, 딕 씨도 한 주 걸러 수요일마다 찾아온다. 딕 씨가 찾아온 어느 날, 그는 데이비드에게 낯선 남자가 트롯우드의 집 주위에서 서성거리는 것을 보고 벳시 왕고모가 깜짝 놀라 기절했었다는 이야기를 들려준다. 딕 씨는 무슨 이유에서인지 왕고모가 그 낯선 사람에게 돈을 주더라고 말한다.

유리아 히프가 데이비드에게 자기 집의 '비천함'을 개의치 않는다면 같이 가서 어머니와 함께 차나 마시자고 청한다. 데이비드는 초대를 받아들이고 그날 저녁에 '키만 작을 뿐 유리아를 찍어놓은 것 같은' 히프 부인을 만난다. 남편이 죽은 지 꽤 오래 되었는데도, 그녀는 아직 검은 상복을 입고 있다.

히프 모자는 교묘한 말로 데이비드를 '구워삶아서' 처음에는 그의 과거를, 이어서 위크필드 씨와 애그니스에 관한 이야기를 털어놓게 만든다. 데이비드가 '좀 거북스러운' 느낌이 들어 '그 대화에서 벗어나면 좋겠다'고 생각할 때 불쑥 미코버 씨가 나타난다. 거리를 산책하다가 열려 있는

문을 통해 데이비드를 발견한 것이었다. 데이비드는 미코버 씨를 히프 모
자에게 소개한다.

다음날 저녁, 데이비드는 창밖을 내다보다가 미코버 씨와 유리아 히
프가 팔짱을 끼고 걸어가는 것을 보고 놀란다. 다음날 그는 미코버 씨 집
에서 식사를 하다가 그가 전날 유리아 히프의 집에서 브랜디를 마셨다는
것을 알게 된다. 미코버 씨는 유리아에게 감명을 받았다면서, '곤경이 위
기로 치달았을 때' 그를 만났더라면 '빚쟁이들을 훨씬 잘 다루었을 것'이
라고 말한다.

다음날 아침 데이비드는 미코버 씨로부터 편지를 받는다. 편지에는
런던에서 돈이 올 가망이 없으며, 곧 채무자 감옥으로 되돌아갈지도 모른
다고 적혀 있다. 데이비드는 학교에 가던 길에 '미코버 씨에게 위로의 말
을 전하기 위해' 서둘러 여관으로 간다. 그러나 그는 '평온한 즐거움의 화
신 미코버 씨 부부가 타고 있는' 마차를 만난다. 그들이 가는 것을 본 데
이비드는 안도하면서도 섭섭해 한다.

데이비드는 학창시절의 추억을 더듬는다. 그는 '동그란 얼굴에 담갈
색 고수머리를 한… 조그만 소녀' 셰퍼드 양을 사랑했으며, 그녀가 어느
날 자기에게 묘한 표정을 지으며 웃을 때 '세상이 다 끝나는' 느낌이었다
고 회상한다. 그는 또 스트롱 박사의 학생들을 회고하면서, 박사가 '작은
학생들을 불러 세워 머리를 쥐어박던' 때를 떠올린다.

그러는 동안 데이비드는 학교에서 수석 학생이 되고, 이제는 자기가
처음 학교에 올 때와는 사뭇 달라졌다고 느낀다. 데이비드는 "그 소년은
이제 사라졌다"고 말한다. 또 한 명 사라진 사람은 그가 '위크필드 씨 집
에서 처음 만났던' 꼬마 소녀(애그니스)다. "그 꼬마 소녀 대신에 (어머니)
사진을 꼭 닮은―어린애다운 데가 없어진―여자가 집안을 돌아다니고

있는데, 이제는… 제법 성숙한 여자가 된 것이다.”

　데이비드는 이번에는 서른 살 가량 된 라킨스 양이라는 여자를 사랑하게 된다. 그녀를 흠모하는 장교들이 많지만, 데이비드는 그녀를 애인으로 만들고 싶어한다. 데이비드는 어느 무도회에서 그녀와 춤을 추고 나서 며칠 동안 ‘황홀한 생각’에 잠긴다. 어느 날 애그니스가 라킨스 양은 나이든 호프재배업자 체슬 씨와 결혼할 것이라고 알려준다. 데이비드는 ‘한두 주 동안 심하게 낙담’한다. 그는 이제 열일곱 살이다.

　17장에서 독자들은 이 소설에서 처음 등장하는 억지스러운 우연의 일치를 접하게 된다. 데이비드가 유리아의 집을 방문했다가 난처한 처지에서 빠져나갈 궁리를 하고 있을 때 미코버 씨가 우연히 지나다가 들를 확률은 아주 희박하다.

　오늘날 독자들에게 또 하나 부자연스러운 것은 디킨스가 한동안 정체가 드러나지 않는(그가 누군지 추측하기가 불가능하지는 않더라도) 수수께끼 같은 사람을 등장시킨다는 점이다. 디킨스가 이처럼 낯선 사람을 등장시키는 것은 독자들의 흥미를 돋우고 이야기에 긴장요소를 더하기 위한 것이다. 이 소설에 사용된 여러 기법들은 디킨스의 독창적인 것들로 후일 수많은 작가들이 차용하고 있음을 기억할 필요가 있다.

　많은 독자들이 이 소설에서 가장 아름답다고 생각하는

부분—데이비드의 어린 시절과 학창시절—은 18장으로 끝을 맺는다. 독자들은 그동안 그가 어린 소년에서 성장하여 17세가 되고, 극심한 자기연민을 거쳐 신뢰할 만한 인간으로 성장하는 과정을 지켜보았다. 실제로 이 소설에서 진정 믿을 만한 등장인물은 데이비드뿐일지도 모른다. 대부분의 인물들은 일반적인 특징들이 과장되게 그려져 있다.

Chapters 19, 20

재회

앞으로 무슨 직업을 택해야 할지
확신이 서지 않은 데이비드에게 벳시
왕고모가 '냉정한 판단력을 키우도록'
기분전환 삼아 페거티를 찾아가보라고 권한다. 왕고모는 '두둑한 지갑과
커다란 여행가방'을 챙겨주고, 그는 여행에 나선다.

데이비드는 먼저 캔터베리에 들러 애그니스와 위크필드 씨에게 작별
인사를 한다. 그 집에 있는 동안 애그니스는 데이비드에게 아버지가 걱정
이라고 말한다. 데이비드도 위크필드 씨의 음주벽이 심해지는 게 우려된
다면서, 그분이 '아주 딴 사람처럼' 될 때마다 으레 유리아 히프가 '일거리'
를 갖고 오더라고 말한다.

나중에 스트롱 박사의 집에서 데이비드는 또 다른 가정문제를 목격한다. 잭 맬던에게서 병 때문에 귀국하고 싶다는 편지가 와 있다. 마클햄 부인은 스트롱 박사에게 말해 맬던을 돌아오게 하려 하지만 애니는 '말을 한 마디도 않고 눈을 들어 올리지도 않는다'. 데이비드는 문제가 생기겠다고 직감한다.

런던에 도착한 데이비드는 여관에 투숙해 마구간 위의 조그만 방을 배정받는다. 세상물정에 밝은 어른처럼 보이려고 애쓰는 데이비드는 저녁식사를 마친 후 코벤트 가든에서 〈줄리어스 시저〉 공연을 관람한다. 숙소에 돌아온 그는 우연히 스티어포스를 만나자 매우 기뻐한다. 지금은 옥스퍼드 학생인 스티어포스는 어머니를 만나러 집에 가는 중이다. 스티어포스가 호텔 종업원을 불러 데이비드에게 형편없는 방을 주었다고 꾸짖자 당장 훨씬 좋은 방을 내준다.

다음날 아침식사시간에 스티어포스가 자기 집에 함께 가서 어머니를 만나자고 초대한다. 데이비드가 이를 받아들여 두 사람은 역마차를 타고 땅거미가 질 무렵 런던 교외의 하이게이트에 있는 어느 오래된 벽돌집에 도착한다. 스티어포스의 어머니는 나이가 지긋하고 좀 딱딱한 편이다. 검은 머리에 몸이 마른 서른 살 가량의 숙녀 로자 다틀이 그녀와 함께 지낸다. 로자 다틀의 입술에는 오래된 흉터가 있다. 스티어포스는 자기가 그랬다고 하면서 '어릴 때 약을 올리길래 망치를 던졌다'고 말한다.

데이비드는 스티어포스에게 페거티 씨 집을 방문하자고 한다. 스티어포스는 관심이 있으면서도 짐짓 겸손을 떤다. 그는 '그런 사람들을 만난다면' 즐겁겠다고 하면서 다틀 양에게 이렇게 말한다. "그 사람들과 우리 사이에는 아주 큰 간격이 있어요… 그들도 어쩌면 훌륭한 장점을 지니고 있겠지만… 인간성이 별로 세련되지 못해서 그 거친 피부처럼 쉽사리

상처입지 않는다는 점을 고맙게 생각할지도 모르죠."

　　19장에서 독자들은 데이비드가 어른 세계에서 자기 위치를 찾으려고 애쓰는 모습을 보게 된다. 그는 자기가 어른스럽다고 여기는 거동을 취해 보지만, 그 점이 오히려 독자들의 웃음을 자아낸다. 데이비드는 자기 주장을 펼치기가 힘들고, 어떤 입장을 취해 미숙함을 드러내기보다는 가만히 보고만 있는 게 편하다. 반면에 스티어포스는 세속적이다. 그는 원하는 것이 있으면 요구한다. 원하는 것을 얻으려고 조급할 때도 있다.

　　잭 맬던이 곧 인도에서 귀국한다는 것은 스트롱의 집안에서 흥미로운 얘깃거리가 생기고 있음을 예견케 해준다. 맬던의 애인이었던 애니에게 옛 감정이 남아 있는지는 아직 분명치 않다.

　　20장에서 데이비드가 스티어포스의 집에 있는 동안 디킨스는 스티어포스 부인이 아들에게 보여주는 강렬한 애정을 강조한다. 그녀는 아들을 생활의 중심으로 생각하고, 아들과 관련된 일이면 무엇이든지 소중히 여긴다. 예를 들어, 스티어포스 부인이 데이비드에게 갖는 유일한 관심은 분명히 그 역시 스티어포스를 좋아한다는 점뿐이다.

이 장에서는 로자 다틀도 흥미로운 인물이다. 그녀는
특유의 에두르는 말로 정보를 얻고, 직설적으로 속마음을 털
어놓기보다는 넌지시 암시를 준다. 스티어포스가 로자 다틀의
성품을 명쾌하게 요약한다. "저 여자는 무엇이든지 숫돌에 갖
다대고 자기 얼굴처럼 뾰족하게 만드는 사람이야. 온통 사방
으로 모가 나 있지."

Chapters 21, 22

 종잡을 수 없는 스티어포스의 속내

스티어포스의 집에 머무는 동안, 데이비드는 그 집 하인 리티머에게 큰 감명을 받는다. 데이비드는 리티머에 관해 이렇게 표현한다. "그는 자신을 점잖은 분위기로 에워싸고 이에 걸맞도록 확실하게 처신했다. 그는 조금이라도 나쁜 사람이라고 의심할 수 없을 정도로 더할 나위 없이 존경스러웠다."

마침내 스티어포스는 그날 늦게 야머스에 도착해 여관에서 밤을 보낸다. 다음날 아침 데이비드는 혼자서 바키스 씨와 페거티를 찾아간다. 도중에 오머 씨 가게에 들르는데, 가게 이름이 이제는 '오머 앤 조럼'이라고 되어 있다. 데이비드는 안으로 들어가서 오머 씨와 이야기를 나눈다. 오머 씨는 꼬마 엠리가 그 집에서 재단사로 일하고 있으며 다른 여자들과 잘 어울린다면서, 그것은 아마도 그녀의 특출한 미모와 '귀부인'이 되고자 하는 꿈 때문일 깃이리고 말한다.

데이비드가 페거티의 집을 방문했을 때 처음에는 페거티가 그를 알아보지 못한다. 그녀는 데이비드를 데리고 2층으로 올라가서 지금은 류머티스로 꼼짝 못하고 침대에 누워 있는 바키스 씨와 만나게 한다. 잠시 후에 스티어포스가 도착해 데이비드와 함께 저녁을 먹고 나서 페거티 씨의 뱃집으로 출발한다. 두 사람이 바닷가를 거닐던 중에 스티어포스가 "바다가 마치 우리를 잡아먹으려고 으르렁거리는 것 같다"고 말한다. 두 사람은 꼬마 엠리와 햄의 약혼이 막 발표될 때 뱃집에 들어선다. 가족들은 들떠 있고 페거티 씨는 기쁨에 겨워 "나의 엠리는 절대로 부정 타면 안 돼"라고 외친다. 스티어포스와 데이비드는 그 축하모임에서 환영받는다. 그리고 페거티 씨 집을 떠나면서 스티어포스는 "그 여자의 친구로는 (햄이) 좀 얼간이 같지?" 하고 묻는다. 데이비드는 뜻밖의 냉담한 질문에 충격을 받는다. 하지만 '그의 눈에 웃음이 담긴 것을 보고'는 농담이라고 생각한다. "아, 스티어포스! … 이 사람들을 완벽하게 이해하는 것을 보니 그들의 희로애락에 무관심할 수 있는 사람이 아니란 것을 알겠군."

스티어포스가 대답한다. "난 네가 진지하고 선량한 사람이라고 믿어. 우리 모두가 그렇다면 얼마나 좋겠어!"

두 주 이상 계속된 방문 기간중에 스티어포스는 페거티 씨와 배를 타면서 많은 시간을 보내고, 데이비드는 블런더스톤의 옛집을 다녀온다. 이웃들은 이사 갔지만 부모의 무덤은 페거티가 잘 돌보고 있다. 데이비드는 그곳에서 '슬픔과 기쁨이 묘하게 범벅된' 기분을 느낀다.

어느 날 저녁에 데이비드는 스티어포스가 의기소침해 있는 것을 보고 놀란다. 그는 데이비드에게 무엇 때문에 괴로워하는지 밝히지 않으면서도 "스스로를 좀더 잘 다스렸으면 하는 생각이 간절하다"고 말한다. 그러나 이런 침울함은 잠시뿐이고, 곧 기운을 차려 중고 배 한 척을 사서 '꼬마 엠리'로 이름지을 생각이라고 알려준다. 자기가 없을 때는 페거티 씨가 '선장'이 될 것이라고도 한다. 데이비드는 그것이 페거티 씨에 대한 그 친구의 동정심을 보여주는 증거라고 생각한다.

나중에 스티어포스의 엄격하고도 존경스러운 하인 리티머가 스티어포스 어머니의 편지를 가지고 도착한다. 그리고 또 한 사람, 뚱뚱한 중년의 난쟁이 모처 양이 도착한다. 그녀는 부유층을 상대하는 미용사다. 스티어포스는 이 난쟁이 아주머니에게 꼬마 엠리에 관해 묘사하면서 '세상에서 가장 아름답고 가장 매력적인 꼬마요정… 단언컨대 귀부인 감으로 태어난 여자'라고 말한다.

데이비드가 바키스 씨 집으로 돌아가 보니 햄이 밖에서 엠리를 기다리고 있다. 엠리는 집 안에서 오머 씨 상점에서 함께 일했던 마사 엔델과 이야기하고 있다. 햄은 데이비드에게 마사는 '타락한 여자'이고, 페거티 씨가 엠리와 그 여자가 얘기하는 것을 좋아하지 않기 때문에 바키스 씨 집에서 만나자고 일찌감치 쪽지를 주었다고 설명한다. 햄은 마사가 알아보는 사람이 없는 런던에 갈 수 있도록 약간의 돈을 준다. 마사가 떠난 후 꼬마 엠리가 흐느끼며 말한다. "난 돼먹지 못한 계집애예요. 정말로! 정말로요!"

디킨스 소설의 장(章)들은 가끔 이야기가 두서없이 왔다갔다 하는 경향이 있지만, 21장은 그렇지 않다. 여기에서는 데이비드의 이야기 중 두 가지 요소—야머스의 옛 친구들과 학창시절 친구 스티어포스—가 힙쳐진다. 디킨스는 이 기회에 야머스 사람들의 단순소박한 미덕을 부각시키면서 다시 한 번 스티어포스의 성격적 결함을 내비친다.

이와 대조적으로 22장은 다소 모호한 데가 있다. 분명하게 밝히지는 않았지만 엠리가 스티어포스와 몰래 만나기 시작했다는 암시가 엿보인다. 스티어포스가 의기소침해 있는 데서 보듯이 그는 자기 행동을 얼마쯤 후회하지만 잠시뿐이다. 엠리는 마사 엔델의 운명에서 자신의 장래 모습을 보았는지 그녀가 떠나자 흐느껴 운다. 엠리는 햄에게 이렇게 말한다. "아, 보세요. 오빠는 다른 사람을… 나보다 한결같고 훨씬 더 어울리는 여자를 좋아했더라면 행복할 걸 그랬어요."

이 장에서는 또한 스티어포스가 '확고부동하고 현명한 아버지가 계셨더라면' 좋았을 것이라고 말하는 데서 그의 흥미로운 새 면모가 드러난다. 20장에서 보았듯이 스티어포스 부인은 무절제한 모성애로 아들에게 아낌없이 애정을 쏟았는데, 이제 독자들은 스티어포스가 그런 행운아가 아닐지도 모른다는 생각을 갖게 된다.

Chapters 23, 24

 **데이비드, 변호사가 되기로**

다음날 아침 스티어포스의 수수께끼 같은 말대로 리티머를 '자기가 해야 할 일'을 하도록 남겨두고 스티어포스와 데이비드는 역마차를 타고 야머스를 떠난다. 여행중에 데이비드는 스티어포스에게 전날 밤 '타락한 여자' 마사 엔델을 만났다고 말한다. 데이비드는 그에게 자기가 어떤 직업을 택하면 좋겠느냐고 묻는다. 그는 벳시 왕고모가 편지에서 권한 대로 사무변호사가 되면 어떻겠느냐고 묻지만 스티어포스는 따분한 직업이라고 하면서, 그렇게 되면 민법박사회관의 '수사(修士) 티가 나는 그런 변호사'가 되는 것이라고 말한다.

데이비드는 런던에서 벳시 왕고모를 만나 사무변호사가 되고 싶다고 말한다. 그러나 변호사 사무실에 들어가려면 1,000파운드가 있어야 한다는 말을 듣고 왕고모에게 그럴 돈이 있느냐고 묻는다. 왕고모는 "내 재산에 다른 용도는 없다. 너구나 너는 내 양자야"라고 말한다.

다음날, 두 사람은 데이비드가 일을 배우게 될 민법박사회관의 '스펜로 앤 조킨스' 법률사무소를 찾아간다. 도중에 '행색이 초라한 남자'가 다가오자 벳시 왕고모가 잠시 흠칫 놀란다. 그러나 놀랍게도 왕고모는 데이비드에게 잠시 기다리라고 일러놓고 그 낯선 사람과 함께 마차를 타고 사라진다. 반 시간 후에 돌아온 왕고모는 데이비드에게 "무슨 일이 있었는지 묻지도, 말을 꺼내지도 말라"고 이른다. 데이비드는 왕고모가 역마차

요금을 치르라고 지갑을 주었을 때 돈이 모두 없어진 것을 보고 의아하게 생각한다.

법률사무소에서 데이비드는 옷을 잘 차려 입은 왜소한 남자 스펜로 씨를 만난다. 그는 동업자 조킨스 씨가 엄한 감독자라고 말한다. (나중에 데이비드는 조킨스 씨가 온화한 사람이며, 폭군 이미지는 직원들을 압박하기 위한 계략임을 알게 된다.) 데이비드는 1개월간 수습계약을 맺고 나서 크러프 부인의 집에서 하숙을 한다. 그녀는 이내 데이비드에게 어머니 같은 관심을 보인다. 다음날 왕고모는 도버로 떠나고 데이비드는 변호사 경력을 쌓을 준비를 시작한다.

처음에 데이비드는 거처에 만족하지만, 곧 외로워지면서 스티어포스가 왜 찾아오지 않는지 의아해 한다. 스티어포스가 나타나자 데이비드는 그와 그의 두 옥스퍼드 친구를 저녁식사에 초대하고는 크러프 부인과 함께 음식을 준비하려고 한다. 그러나 크러프 부인이 음식을 장만할 수 없기 때문에 빵장수에게 음식을 주문해야 한다.

식사를 하면서 모두가 술을 많이 마시게 되고, 데이비드는 '기분이 묘하게 좋고 쾌활해져서' 난생 처음으로 담배도 피워본다. 연극을 보러 가자는 얘기가 나와서 모두들 외출하던 중에 데이비드 생각에 누군가가 층계에서 굴러 떨어진다. 그런데 놀랍게도 바로 자신이다.

극장은 매우 무더워서 데이비드는 "건물 전체가… 마치 수영을 배우고 있는 것 같다"는 느낌이 든다. 일행은 숙녀들이 있는 아래층으로 내려가는데, 떠들썩한 데이비드가 관심의 초점이 된다. 데이비드는 친구들과 함께 있는 애그니스를 발견하고 말을 걸려고 한다. 그녀는 난처해 하며 그만 가라고 권한다. 데이비드는 스티어포스의 부축을 받아 집으로 돌아온다. 다음날 아침 데이비드는 후회와 수치심, 그리고 두통으로 괴롭다.

23장에서 데이비드는 왕고모의 호의로 변호사업에 진출한다. 그러나 왕고모의 생활(과거가 없는 수수께끼 같은 생활)을 어지럽히는 요소가 도입되어 독자들이 알고 있던 그녀의 호전적이고도 은둔자적인 성격이 과거의 어떤 사람 또는 사건 때문임을 암시한다. 독자들은 여기서 자문을 하게 된다. 벳시 왕고모를 그처럼 놀라게 만든 그 수수께끼 같은 사람은 과연 누구일까?

24장은 이 소설에서 가장 재미있는 부분 중 하나다. 젊은 데이비드가 술에 취해 웃음거리가 되는 모습은 두드러지지 않게 묘사되면서도 사실적이고 우스꽝스러운 장면을 만들기에 충분하다. 그가 애그니스에게 집적거려 보려고 애쓰다가 그만 가라는 말에 불쑥 "구리(굿나잇)" 하고 떠나는 장면은 전형적인 디킨스식 유머다.

Chapters 25, 26

 내 운명, 도라

저녁 파티가 열린 후 이틀이 지난 아침에 데이비드가 막 방에서 나오려는데, 심부름꾼이 애그니스의 편지를 가지고 온다. 애그니스는 편지에서 아버지의 런던 대리인 워터브룩 씨 댁에서 만나자고 청한다. 데이비드는 애그니스를 만나 극장에서 보인 자신의 행동을 자책한다. 애그니스는 나무라지 않는다. 데이비드는 그녀를 '착한 천사'라고 부른다. 애그니스는 그에게 '악한 천사' 스티어포스를 조심하라고 하지만, 데이비드는 그가 훌륭하고 성실한 친구라고 두둔한다.

애그니스는 이어 아버지를 점점 장악해 가고 있는 유리아 히프가 갈수록 두려워진다고 말한다. 실제로 애그니스는 유리아가 법률사무소의 동업자가 되고자 한다고 생각한다. 데이비드가 분개하면서 그런 일은 막아야 한다고 말한다. 그러나 애그니스는 아버지를 봐서라도 유리아를 잘 대해 달라고 간청한다.

다음날 데이비드는 워터브룩 씨 집의 만찬에서 유리아 히프와 마주친다. 데이비드는 애그니스와 함께 있다가 '뒤에서… 쓸쓸히 쳐다보고 있는 유리아의 명암 없는 눈과 시체 같은 얼굴'을 느낀다. 데이비드는 만찬에서 학창시절 친구인 토미 트래들스를 만나자 기뻐한다. 그는 트래들스가 변호사 준비를 한다는 것과 지금은 거만한 워터브룩 씨 밑에서 일한다는 것을 알게 된다. 만찬이 끝난 후 데이비드는 문득 애그니스가 유리

아 히프에게 친절하게 대해 달라고 간청하던 말이 떠올라 그에게 자기 방에 가서 커피니 한 잔 하자고 청한다. 유리아는 점점 커져가는 권위의식을 드러내고, 심지어 애그니스를 사랑하며 결혼하고 싶다고 털어놓는다. 데이비드는 이런 의도에 소름이 오싹 끼친다. 아침이 되어 유리아가 떠나자 데이비드는 크러프 부인에게 '거실 문을 활짝 열어 환기시켜' 그 작자의 냄새를 말끔히 씻어달라고 부탁한다.

애그니스가 캔터베리로 떠날 때 유리아 히프가 나타나 같은 역마차를 탄다. 데이비드는 유리아가 애그니스와 결혼하겠다는 뜻을 이룰까봐 불안하고 두렵다. 이와 더불어 지금 스티어포스는 옥스퍼드에 가 있고 두 사람 사이에 편지가 오가기는 하지만, 데이비드는 애그니스의 경고를 떠올리며 '마음속으로 어떤 불신감'이 생겨난다.

데이비드는 스펜로 앤 조킨스 회사에서 수습생활을 시작한다. 어느 날 스펜로 씨가 데이비드를 노우드에 있는 자기 집으로 초대해 파리에서 학교를 다니는 딸을 만나게 해준다. 스펜로 씨와 함께 집에 도착한 데이비드는 도라 스펜로를 소개받고, 그 자리에서 아름다움에 압도당한다. "순식간에 모든 것이 끝났다. 나는 내 운명대로 이루었다. 나는 포로요 노예였다. 나는 도라 스펜로를 맹목적으로 사랑했다."

데이비드가 스펜로 씨 집에서 머드스톤 여사를 보고 놀란 것은 당연하다. 그녀는 도라의 말동무 겸 보호자로 고용되어 일하고 있었다. 데이비드는 처음에 머드스톤 여사가 도라에게 자기를 헐뜯을까봐 걱정하지만, 그와 머드스톤 여사는 단 둘이 있을 때 지난날의 자기들 관계를 비밀에 부치기로 합의한다. 데이비드는 도라가 머드스톤 여사를 싫어한다는 것을 알게 된다. 도라의 가장 친한 친구는 짚이라는 개다.

런던으로 돌아온 데이비드는 도라에 대한 꿈에 젖어 살면서 사치스런 조끼들을 사들이는데, 그것은 "나를 위한 것이 아니었다. 나는 조끼를 자랑하지 않는다. 도라를 위한 것이었다."

25장이 중요한 것은 애그니스 위크필드가 나오기 때문이다. 그녀는 이 소설에서 스티어포스의 성격을 감지한 첫 번째 사람이다. 데이비드를 포함한 그 밖의 인물들은 모두 그의 매력에 현혹되어 있다. 그러나 디킨스는 이미 독자들에게 겉보기에 완벽한 스티어포스의 모습에는 나약한 방종 —주로 그의 어머니 탓—이 감추어져 있다고 암시한 바 있다. 독자들은 꼬마 엠리와 햄이 약혼했음에도 불구하고 스티어포스가 그녀에게 관심을 두고 있다고 의심하게 된다.

디킨스가 25장의 만찬에서 '상류층'을 설명할 때 인간의 천박한 감정을 얼마나 세심하게 묘사하는지 주목할 필요가 있다. 만찬석상의 대화는 '혈통'이 '굉장히' 중요하다는 점을 화제로 삼는다. 즉 귀족출신들만 중요하다는 것이다.

이에 반해 도라에 대한 데이비드의 감정은 사실적으로 다루어진다. 대부분의 비평가들은 데이비드의 감정은 디킨스 자신의 경험에 바방을 둔 것으로 보고 있다. 디킨스는 열여덟 살 때 마리아와 사랑에 빠졌다. 하지만 그녀의 아버지가 딸을 파리로 보냈기 때문에 두 남녀는 서로 만나지 못하게 되었다.

Chapters 27, 28

: 줄거리 **미코버 씨 부부와의 해후**

데이비드는 토미 트래들스를 만나러 간다. 트래들스는 거리에 허섭 스레기가 너저분하게 널린 캠든 타운의 빈민촌에서 살고 있다. 데이비드는 트래들스의 아파트를 찾아 그 집의 '점잖은 분위기'에서 미코버 씨 부부와 함께 지냈던 시절을 떠올린다. 두 사람은 학창시절을 이야기하고, 학교를 마친 후 트래들스가 어떻게 지냈는지를 화제로 삼는다. 트래들스는 그 후 삼촌 집에 가서 살았지만, 삼촌이 자기를 싫어했다고 말한다. 삼촌이 죽은 후, 그는 생계를 위해 소송문서를 베끼는 일을 하다가 나중에는 '사건을 진술'하고 요약하는 일을 했다. 이런 연유로 그는 법률을 공부하게 되었고, 얼마 안 되는 돈은 바닥이 났다. 그래서 두 군데 지장에 다니게 되었는데, 하나는 워터브룩 씨 사무소이고, 다른 하나는 백과사전 출판을 준비하는 회사였다. 이렇게 해서 마침내 트래들스는 '수습계약'을 맺는 데 필요한 백 파운드를 '그럭저럭 긁어모았다'. 그는 또 데번셔에 사는 어느 부목사의 열 명의 딸 중 하나와 약혼했다는 말도 한다. 그는 약혼 기간이 길어질 것 같다면서, 그러나 그들은 조그만 가구 두 점을 사들이는 일부터 시작했노라고 말한다.

데이비드는 트래들스의 하숙집 주인이 미코버 씨라는 말을 듣고 크게 기뻐한다. 미코버 씨는 아직도 무슨 뾰족한 수가 나타날 것을 꾸준히 기다리고 있다. 데이비드는 미코버 씨 부부와 이야기하는 중에 미코버 부인이 또 임신했다는 말을 듣는다. 데이비드는 저녁초대를 받지만 사양하고, 대신 적당한 날에 자기 집에 와서 함께 식사를 하자고 청한다.

데이비드는 미코버 씨 부부와 트래들스를 위해 만찬을 준비한다. 그러나 크러프 부인이 요리를 하지 않겠다고 하자 데이비드는 그 후 2주 동안 외식을 한다는 조건으로 그녀와 타협한다. 손님들이 도착한 후, 미코버 씨는 펀치를 만드는 데 열중하고, 미코버 부인은 화장대 앞에 앉아서 만찬에 참석할 준비를 한다.

모두가 둘러앉아 양고기를 먹고 있을 때, 리티머가 찾아와서 데이비드에게 혹시 스티어포스를 만나보았느냐고 묻는다. 데이비드가 아니라고 대답하자, 리티머는 스티어포스가 아마도 다음날 올 모양이라고 말한다. 그는 데이비드를 억지로 자리에 앉혀놓고 나서 나머지 양고기 자르는 일을 떠맡는다. 리티머가 있는 동안 모두들 불편해 하다가 그가 떠난 후에야 '숨통이 트이는' 기분이다. 리티머가 떠나기 전에 데이비드는 그에게 야머스에 오래 머물렀느냐고 묻는다. 리티머는 배가 완성될 때까지 있었다면서, 하지만 스티어포스가 그 배를 보았는지는 모르겠다고 말한다.

화제는 미코버 씨의 취직문제로 옮겨간다. 지금 미코버 씨가 고용되어 일하는 옥수수 사업은 수지맞는 일이 못 되며, 따라서 미코버 씨가 할 일은 신문에 자기 재능을 광고하고—말하자면 사회에 '도전장을 내고'—어떤 일이 생기는지 두고보자는 데 모두의 의견이 일치한다. 광고비는 약속어음으로 충당하기로 한다. 데이비드는 만찬이 파하기 전에 트래들스에게 어음의 연대 배서인(背書人)이 되지 말라고 주의를 주지만, 이미 보증을 섰다고 말한다.

잠시 후 스티어포스가 나타난다. 데이비드는 애그니스에게서 경고를 받은 터라 약간 불안감을 느끼고 있었다. 그러나 막상 친구를 만나고

보니 반가운 나머지 그동안 의심했던 것이 '어처구니없고 부끄러운' 생각
이 든다. 스티어포스는 지금 야머스에서 오는 길이라면서 페거티가 보낸
편지를 건넨다. 편지에는 바키스가 중병을 앓고 있다고 적혀 있다. 데이
비드는 페거티를 찾아가보기로 마음을 정하지만, 스티어포스가 야머스로
가기 전에 내일은 자기 집에서 함께 지내자고 설득한다.

　　27장의 도입부에서 데이비드는 미코버 씨 부부를 떠올
린다. 디킨스 소설에 익숙한 독자들은 이 대목을 읽으면서 이
장이 끝나기 전에 미코버 씨가 모습을 드러내겠구나, 하고 짐
작할 것이다. 디킨스는 독자들을 실망시키지 않는다. 이 부분
역시 있음직하지 않은 우연이지만 26장에서 머드스톤 여사를
스펜로 집안의 고용인으로 등장시키는 데서 보듯이 디킨스의
한 가지 소설기법이라는 점을 이해할 필요가 있다. 이런 우연
이 실생활에서 일어날 확률은 매우 희박하지만, 디킨스 소설
의 그물처럼 복잡한 줄거리를 한데 묶는 데 도움을 준다.
　　28장에서 데이비드는 미코버 씨를 처음 만났을 때보다
성숙해졌기 때문에 이제는 그가 인생 낙오자라는 것을 깨닫는
다. 이 점은 그가 트래들스에게 미코버 씨의 어음에 보증을 서
지 말라고 경고할 때 분명히 드러난다.
　　스티어포스는 죽음을 앞둔 바키스에 관해 이야기하던

중 매정한 성품을 드러낸다. "참 안된 일이야… 하지만 태양
은 매일 지고 사람은 시시각각 죽어가고 있어. 그러니 만인의
운명에 겁을 먹어서는 안 되지. 안 돼! 계속 말을 타고 달리는
거야! 필요하면 거칠게 다루기도 하고 괜찮다면 부드럽게 다
루기도 하겠지만, 계속 달리는 거지. 온갖 장애물을 넘고 달려
경주에서 이기는 거야."

Chapters 29, 30

 ## 스티어포스의 집을 방문하다

데이비드는 스티어포스의 집에서, 특히 로자 다틀로부터 따뜻하게 환영받는다. 로자 다틀은 그에게 스티어포스가 하는 일에 대해 여러 가지 질문을 하면서, 스티어포스를 평소보다 오래 집에 오지 못하도록 했다고 그를 나무란다. 또 그녀는 스티어포스가 무슨 일 때문에 어머니와 다투게 될지도 모른다고 암시하기도 한다.

스티어포스는 다틀 양을 추켜세워 하프 연주와 노래를 하게 만들고, 데이비드는 '이 세상 것이라고는 생각할 수 없는' 최고의 노래라고 평한다. 다틀 양이 연주를 마치자 스티어포스가 웃으면서 그녀에게 팔을 두르고 "자, 로자. 우린 앞으로 아주 많이 사랑하게 될 거야"라고 말한다. 다틀 양은 곧바로 그를 때리고는 화를 내며 방을 나간다. 데이비드가 이유를 묻자 스티어포스는 모르겠다고 하면서, '늘 위험한' 사람이라고 말한다.

잠자리에 들기 전, 스티어포스는 데이비드에게 무슨 일이 생겨서 두 사람 사이를 갈라놓더라도 '나의 가장 좋은 점을 생각하라'고 말한다. 데이비드는 다음날 아침 떠나기 전에 스티어포스가 평화롭게 잠든 모습을 들여다본다. 그리고 지난 일을 회상하며 다시는 스티어포스를 친구로 대하는 일이 없으리라고 생각한다. "다시는 없으리라! 아, 불쌍하구나, 스티어포스! 사랑과 우정의 그 거역하지 않는 손을 건드리다니. 두 번 다시 없으리라!"

데이비드는 야머스에 도착해 마을 여인숙에 방을 잡는다. 페거티 집의 빈 방을 어쩌면 '큰 손님—죽음'이 차지하고 있으리라 생각했기 때문이다. 그는 오머 씨의 가게에 들렀다가 바키스 씨가 죽어가고 있다는 말을 듣는다. 엠리에 관해 묻자, 오머 씨는 최근 그녀가 변덕이 심하다면서 결혼해야 걱정을 덜겠다고 말한다. 바키스 씨가 의식을 잃어 회복할 가망이 없다는 전갈이 오자 데이비드는 서둘러 그 집으로 달려간다.

집에 들어서니 모두들 데이비드에게 와줘서 고맙다고 인사한다. 엠리가 나타나는데, 몸을 떨며 추워 보인다. 그녀는 햄을 외면하고 자기 삼촌에게 매달린다. 페거티 씨가 엠리는 '어려서 바키스 씨의 죽음을 받아들이기 힘들어 하는 것'이라고 해명하지만 데이비드는 그녀의 행동을 이상하게 생각한다. 데이비드가 방 안으로 안내되어 들어가 보니 바키스는 몸을 기대고 누워 있는데 의식이 거의 없다. 페거티가 데이비드에게 썰물 때까지는 죽지 않을 것(옛날 영국 어부들의 미신)이라고 장담한다. 바키스가 마지막으로 눈을 뜨고 데이비드를 본다. 그가 행복하게 미소를 지으며 '바키스가 마음에 들어한다'고 말하고는 '썰물과 함께 가버린다'.

29장에서 로자 다틀은 스티어포스보다 여러 살 많지만 그를 사랑하고 있다는 것이 분명히 드러난다. 하지만 그것은 슬픔과 어쩌면 증오심까지도 가미된 일종의 신경증적인 사랑이다. 자기 감정을 숨기고 주제넘지 않으려고 노력하는 여인이 진솔한 사랑을 할 수 있을지는 의문이다. 더구나 그녀는 스티어포스의 어머니와 심지어 스티어포스, 데이비드 등, 스티어포스와 자기 사이에 끼어드는 모든 사람에게 화를 낸다. 스티어포스는 다틀 양의 사랑을 확신하지는 못하지만 어느 정도 눈치는 채고 있기 때문에 제멋대로 그녀에게 한가한 장난을 친다.

다틀 양은 스티어포스와 그의 어머니 사이에 문제가 생길 것이라고 넌지시 암시하면서 스티어포스가 모종의 추문에 휘말려 있을 것으로 예리하게 추측하지만 구체적인 전말은 모르고 있다. 그녀는 데이비드가 알고 있으리라 생각하고 물어보지만 그도 역시 스티어포스의 은밀한 행동에 대해 아직은 아는 것이 없다.

30장이 끝날 즈음이면 이 소설은 거의 절반쯤 지나간다. 디킨스는 지금까지 수십 명의 등장인물을 내세웠다. 바키스의 죽음과 더불어 이제부터 독자들은 디킨스가 나머지 등장인물을 어떻게 처리하는지, 어떻게 이야기를 전개하는지, 어떻게 극적인 요소와 애절함을 도입해 결말을 짓는지를 보게 된다.

Chapters 31, 32

 사랑의 도피행각

데이비드는 죽은 바키스 씨의 유언집행을 맡게 되어 격식을 갖춰 유언장을 읽고 정확하게 물품을 배당하면서 자기 능력에 자부심을 느낀다. 데이비드는 바키스가 최근 여러 해 동안 조심스레 지니고 다니던 그 수수께끼 같은 상자 안에서 유언장을 찾아냈다. 상자 안에는 유언장과 함께 '소형 컵과 받침접시들, 편자, 윤을 낸 조개껍질… 그리고 거의 3,000파운드 가까운 돈'이 들어 있다. 유언장에는 페거티 씨와 함께 페거티가 상속인으로 정해져 있고, 데이비드와 엠리는 미성년 상속인이다.

장례식에는 페거티와 페거티 씨, 데이비드만 참석한다. 그날 저녁 데이비드는 페거티 씨의 뱃집을 찾아간다. 모두들 페거티가 '고인 곁에서 의무를 다 했고, 고인도 그걸 알고 있었다'면서 그녀를 위로하려고 애쓴다. 페거티 씨가 엠리를 위해 촛불을 켜서(여러 해 동안 그래왔듯이) 창문 안쪽에 놓는다. 그는 엠리가 결혼한 디음에도 '지금처럼 내가 엠리를 기다리고 있다는 표시로' 계속 창문 안에 촛불을 켜놓겠다고 다짐한다. 햄이 집에 도착하지만, 엠리는 보이지 않는다. 그가 데이비드만 집 밖으로 데리고 나와 울면서 엠리가 연인과 도망갔다고 말한다. 다른 사람들도 사태를 알게 되고, 데이비드는 엠리가 햄에게 남긴 작별편지를 읽는다. 페거티 씨가 그 자가 누구냐고 묻자 햄이 울음 섞인 소리로 말한다. "데이비 도련님. 도련님 탓은 아닙죠. 절대로 도련님을 탓하진 않죠. 하지만 스티

어포스, 그 자는 더러운 악당이에요."

페거티 씨가 큰소리로 "치욕을 당한 불쌍한 조카딸을 찾아서 데려와야겠어. 아무도 날 막지 마! 난 조카딸을 찾으러 갈 테다!" 하고 말한다. 정신을 가다듬은 거미지 부인이 처음으로 일처리에 성숙하고 납득할 만한 관심을 보이면서, 페거티 씨에게 그날 밤만은 집 밖에 나가지 말라고 설득한다. 데이비드는 페거티 씨가 흐느끼는 소리를 들으면서 독자들에게 "나도 울었다"고 말한다.

스티어포스가 엠리와 사랑의 도피행각을 벌였는데도, 데이비드는 여전히 그의 장점들을 떠올리면서 그를 '이미 죽은, 아끼던 친구'로 생각하기로 작정한다. 어느 날 밤늦게 뜻밖에도 모처 양이 흥분해 눈물을 흘리며 데이비드를 찾아와 자기가 그 음모에 가담했노라고 실토한다. 자기가 꾐에 빠져서 리티머를 통해 엠리와 스티어포스가 편지를 주고받도록 했으며, 이제서야 '뭔가 잘못 되었다는 의심이 들어' 런던에서 돌아왔다는 것이다. 모처 양은 엠리와 스티어포스가 해외로 나갔을 것이라면서 복수를 다짐한다. 그녀는 '난쟁이 모처보다는 사냥개를 꽁무니에 달고 다니는 편이 리티머에게 좋을 것'이라고 힘주어 말한다.

다음날 아침, 페거티 씨와 페거티, 데이비드는 스티어포스 부인의 집을 찾는다. 스티어포스 부인은 자기를 '귀부인'으로 만들어주길 바란다는 엠리의 편지에 아주 냉담하다. 그녀는 아들이 엠리와 결혼한다는 건 '불가능하다'고 강조한다. 그리고 스티어포스가 엠리를 버리고 돌아온다면 용서하겠지만, 그렇지 않으면 '내 곁에 얼씬도 못할 것'이라고 한다.

페거티 씨는 누이동생한테서 약간의 돈을 받아 조카딸을 찾아 나서면서 말한다. "내가 무슨 변을 당하면 '내 소중한 아이에 대한 사랑은 변함없으며, 그 애를 용서한다!'는 마지막 말을 전해 다오."

31장에서는 데이비드가 어른이 되었다는 것이 더욱 분명해진다. 데이비드는 유언장을 읽는 간단한 일이나마 그런 일을 할 수 있는 유일한 사람이라는 데서 '더없는 만족감'을 느낀다. 그러면서도 31장의 끝부분에서 스티어포스의 사악한 성품을 처음으로 완전히 깨닫고는 눈물을 흘린다.

앞 장에서 바키스의 죽음을 절제해 묘사했던 디킨스가 이 '엄청난 상실'에 대해서는 그날 밤, 세차게 쏟아지는 비, 그리고 엠리가 도망쳤다는 사실을 알게 된 가족들의 기분 등을 총력을 기울여 묘사한다. 이 부분이 엠리-스티어포스 사건의 절정을 이룬다.

32장에서는 상류층 사람들을 매정하고 잔인한 인물로 묘사하는 디킨스의 전형을 다시 한 번 보게 된다. 남을 책망할 줄 모르는 페거티 씨의 성품은 페거티 씨 일행을 '하잘것없는 가난한 패거리'라고 부르는 스티어포스 집안의 냉담한 분위기와는 정반대의 대조를 이룬다. 디킨스는 성장과정 때문인지, 오직 '평민'만이 사려 깊고 희로애락을 느낄 수 있다는 생각을 했다.

Chapters 33, 34

 도라와 결혼을 약속하다

　데이비드는 도라 스펜로를 얼마나 사랑하는지 드러낸다. 그는 줄곧 도라를 떠올리며 그녀의 아름다움을 깨닫지 못하는 사람을 모두 경멸한다. 한편, 그는 '유언장을 공증'받고 페거티의 모든 문제를 정리하는 등, 그녀의 일을 처리해 준다. 그는 법적인 문제를 매듭지은 후에 페거티와 함께 비용납부를 위해 '회관 사무소'에 갔다가 스펜로 씨 사무실에서 머드스톤 씨를 만나 깜짝 놀란다. 데이비드는 그에게서 입은 마음의 상처를 아직 잊지 못하기 때문에 머드스톤 씨, 데이비드와 페거티 간의 대화는 아주 어색하다. 머드스톤 씨는 이제 막 성년이 된 젊은 여자와 결혼하기 위해 결혼허가서를 얻으려고 이 사무소를 찾은 것이다.

　데이비드와 스펜로 씨는 법정에 나가 이혼사건을 해결하고 나서 오랜 시간 법률문제에 관해 대화를 나눈다. 데이비드는 법조계의 여러 측면을 개혁해야 하며, 또 법률사무소의 몇몇 업무도 고쳐야 한다고 말하지만, 보수적인 스펜로 씨는 '사물을 있는 그대로 보는 신사의 신조'를 내세워 반대한다. 스펜로 씨는 자신의 개인적인 개혁운동에 대해서는 잊고 있다.

　소풍 가는 날(도라의 생일이며, 스펜로 씨가 초대했다.), 데이비드는 꽃다발을 사서 '당당한' 회색 말을 빌려 타고 스펜로 씨 집으로 간다. 도라는 친구 줄리아 밀즈 양과 함께 애완견 짚을 데리고 정원에 있다. 소풍을 가면서 데이비드는 줄곧 아름다운 도라를 쳐다본다. 그는 도라에게 얼이 빠져 있다가 소풍 장소에 다른 사람들도 와 있는 것을 보고 놀란다. 그는 빨간 구레나룻을 기른 신사에게 질투심을 느낀다. 두 사람은 하루 종일 도라와 어울리려고 경쟁한다. 그러다가 데이비드는 그런 감정을 잊으려고 한껏 노력하면서 축하 파티에서는 다른 여자와 시시덕거리기도 하고, 아예 집에 가버릴까 골똘히 생각해 보기도 한다. 소풍이 끝난 후, 줄리아 밀즈가 데이비드에게 도라가 자기 집에 와서 며칠 묵기로 했다면서 초청한다. 데이비드는 다시 기운이 솟는다.

사흘 후에 데이비드는 도라를 만나러 가면서 자신의 열정을 고백하기로 작정한다. 그는 한참동안 뜸을 들이다가 불쑥 감정을 토로하고, 두 사람은 결혼을 약속하지만 당분간은 비밀에 부치기로 한다. 데이비드는 보석상에 가서 약혼반지를 산다. 일주일 후에 두 사람은 첫 번째 말다툼을 하지만, 밀즈 양이 나서서 화해시킨다.

데이비드는 애그니스에게 편지를 써서 자신의 약혼과 엠리가 도망간 사정을 알린다. 그는 도라에 대한 진실한 사랑이 애그니스에게 감명을 주기를 진심으로 바란다. 트래들스가 데이비드의 방으로 찾아와 함께 자기들 약혼녀에 관한 이야기를 나누던 중 트래들스가 데이비드에게 한 가지 청을 한다. 그는 미코버 씨가 아직 금전적으로 곤경에 빠져 있기 때문에 빚쟁이들을 피해 이름을 모티머로 바꾸고, 안경을 끼고 밤중에만 외출한다고 알려준다. 그리고 덧붙여 자기는 미코버 씨가 최근에 진 빚 한 건만 보증을 서주었다고 말한다. 트래들스는 자기도 어렵기 때문에 미코버 씨에게 돈을 빌려준 전당포 주인에게 자기 소지품 몇 가지를 저당 잡혔는데, 물건을 찾으러 갈 때마다 전당포에서 값을 올린다는 것이다. 페거티와 데이비드가 트래들스의 물건들을 되찾아 데이비드의 집에 돌아와 보니 손님들이 기다리고 있다. 벳시 왕고모는 짐 위에 앉아 있고, 딕 씨는 커다란 연을 들고 있다. 왕고모가 그에게 재산을 모두 잃고 망했다고 말한다. 왕고모는 '이 세상에서 내가 가진 것이라고는 그 오두막집을 빼면 이 방에 있는 것이 전부'라면서 그 집을 세놓아야겠다고 말한다. 그러면서도 기죽지 않고 데이비드에게 "우린 역경에 용감하게 맞서고, 그런 일로 겁먹어선 안 돼… 불행을 잊어야 해" 하고 다짐하듯 말한다.

디킨스는 젊은 시절에 변호사 서기로 있다가 신문사의 의회담당 기자로 일했다. 그는 33장에서 이 같은 경험을 활용해 이야기를 현실감 있게 만들고 있다. 그는 경험을 통해 법조계에 대해 깊은 불신을 나타낸다. 디킨스는 이 장에서 정부관리들을 가장 신랄하게 풍자한다. 그들이 넓고 안락한 사무실을 갖고 있는 데 반해 진짜 일하는 사람들은 춥고 어두운 방에 갇혀 지내는 모습을 통렬하게 꼬집고 있다.

관리들을 날카롭게 비판한 디킨스는 34장에서는 어조를 누그러뜨린다. 여기서는 데이비드의 유일한 후원자 벳시 왕고모에게 초점이 맞춰진다. 왕고모는 이제 숙식비를 절약하기 위해 데이비드의 집에서 지내야 할 형편이다. 데이비드는 자기가 어려웠을 때 돌봐주었던 사람을 도우려면 이제 '굳세고 자립하는' 사람이 되어야 한다. 데이비드의 성숙함은 곧 큰 시련을 이겨내게 한다.

Chapters 35, 36

 **왕고모를 부양하게 된 데이비드**

    데이비드는 왕고모를 진정시킨 후 왕고모의 재산문제에 관해 딕 씨와 오랫동안 이야기한다. 딕 씨가 울기 시작하자 데이비드가 그를 위로한다. 이어 페거티와 딕 씨가 다른 곳으로 밤을 지내러 간 후에 데이비드와 왕고모는 새로 만난 그의 애인 도라에 관해 이야기한다. 왕고모는 넌지시 그 여자가 '경솔하고 어리석다'고 말하지만 둘의 관계에 끼어들지는 않는다. 왕고모는 페거티를 바키스라고 부르면서, '그 엉뚱한 여편네가 자기 돈을 주겠다고 애걸복걸하기는 해도' 마음에 들더라는 속내를 밝힌다. 마침내 데이비드와 왕고모가 잠자리에 들고, 데이비드는 밤새도록 가난에 허덕이는 꿈을 꾼다.

    다음날 아침 데이비드는 '수습계약을 취소'하고 수업료로 맡겨둔 왕고모의 1,000파운드 중 일부라도 되찾아보려고 스펜로 앤 조킨스 변호사 사무소로 가지만 거절당하고 빈손으로 돌아오게 된다. 데이비드는 사무실을 나와 집으로 오다가 마침 왕고모를 만나러 가던 애그니스를 만난다. 애그니스는 자기 아버지 그리고 히프와 함께 런던에서 돌아왔다면서 지금은 히프가 (그의 어머니도) 자기 집에서 살며, 정식 동업자가 되어 아버지에게 막강한 영향력을 행사하고 있다고 알려준다.

    데이비드와 애그니스가 함께 집으로 돌아오니 왕고모가 깜짝 놀란다. 왕고모는 애그니스를 매우 반기면서 두 사람에게 재산을 잃게 된 사연을 말해 준다. 전에는 애그니스의 아버지가 왕고모의 돈과 일을 모두 관리해 주었지만, 그가 히프와 동업을 하게 되면서부터 왕고모가 직접 투자하기로 했는데, '시장상황이 아주 고약해졌다'는 것이다. 애그니스가 도움을 줄 생각으로, 데이비드에게 남는 시간에 스트롱 박사의 비서로 일할 수 있을 것이라고 말한다. 데이비드는 주저 없이 그 일자리를 알아보려고 스트롱 박사를 만나기로 결심한다.

데이비드는 한껏 고무되어 자기가 왕고모의 믿음과 도라의 사랑을 받기에 족한 사람임을 증명하는 일에 착수한다. 데이비드는 하이게이트

로 가서 스트롱 씨를 만나 시간제 일자리를 얻어낸다. 계약에는 주 5일간 매일 아침과 저녁에 근무하되 나머지 시간은 자기 공부를 할 수 있으며, 연봉은 70파운드로 정해졌다. 이 일의 큰 단점이라면 잭 맬던의 '노력'을 이겨내야 한다는 것이다. 그는 인도에서 돌아와 박사를 '돕고' 있는데, 박사의 원고에 수많은 실수를 해서 엉망으로 만들어놓는다.

잡스러운 일이라도 하고 싶어 안달인 데이비드는 트래들스를 만나러 간다. 의회의 토의내용을 신문에 기사로 써서 돈을 좀더 벌 수 있는지 알아보기 위해서다. 트래들스가 속기술을 배우기가 무지 어렵다고 얘기하지만 데이비드는 즉시 착수하기로 결심한다. 다음으로, 딕 씨의 문제가 검토된다. 왕고모의 인생역전에 당황한 딕 씨는 보탬이 될 만한 일이 없다고 계속 안달한다. 트래들스는 그의 어려운 처지를 생각해서 재빨리 법률서류 베끼는 일을 마련해 준다. 이 일로 벌어들인 첫 주의 수입에 기쁘고 만족스러운 딕 씨는 데이비드에게 자기가 확실하게 왕고모의 생활비를 댈 수 있겠다고 말한다.

딕 씨의 성공에 흥분한 트래들스는 미코버 씨가 부탁한 데이비드에게 보내는 편지를 잊을 뻔한다. 미코버 씨는 그 편지에서, 다른 일자리를 얻어 이사 간다고 하면서 출발 전날의 조촐한 모임에 두 친구를 초대한다. 미코버의 집에 도착한 데이비드는 '미코버 부부가 캔터베리로 갈 예정이고, 그곳에서 미코버 씨가 유리아 히프의 서기로 일하게 될 것'이란 사실을 알게 된다.

35장에서 디킨스는 벳시 왕고모가 데이비드의 연인 도라에게 찜찜한 마음을 품고 있다는 것을 독자에게 알린다. 그녀는 데이비드에게는 '그를 부양하고 발전'시킬 사람이 필요하다고 생각하면서, 사랑에 '눈이 멀었다'고 그를 꾸짖는다. 애그니스는 데이비드의 사랑놀음에 고정관객 역할을 한다. 이 장의 끝부분에서 데이비드는 자기 방으로 가며 앞 못 보는 걸인이 "눈이 멀었어요! 눈이 멀었어요!"라고 외치는 소리를 듣는데, 이것은 그(독자 포함)에게 왕고모의 말을 상기시킨다.

데이비드가 갑자기 새로운 책임을 떠맡아 자신의 존재가치를 높이겠다고 굳게 결심하는 것이 36장의 주요 내용이다. 속기술을 배워 의회의 토론과정을 기사로 쓰겠다는 결심은 어린아이 같은 면도 있지만(여러 해가 걸리는 일이므로), '어린 시절의 고생을 전화위복의 계기로 삼아 불굴의 의지로 추진해 나가겠다'는 결의이기도 하다. 데이비드보다 나이는 많아도 그처럼 단호하고 분별 있는 태도를 보이지 못하는 다른 등장인물들과 비교해 보더라도 데이비드의 성숙함이 돋보인다.

Chapters 37, 38

 ## 스펜로 씨의 결혼 반대에 부딪히다

크러프 부인은 페거티를 겁주던 것처럼 왕고모를 겁주려고 하지만, 왕고모는 그녀가 상대하기에는 매우 벅찬 인물이다. 데이비드는 크러프 부인이 '왕고모가 미쳤다고 판단하고 자기 부엌으로 꺼져버렸다'고 말한다. 데이비드는 왕고모의 보호를 받으며 아주 편안한 기분이 든다.

데이비드는 도라를 사랑하면서도 아직 자기가 가난하다는 말을 못 했기 때문에 이젠 해야겠다고 결심한다. 도라는 처음에는 그 말을 이해하려 들지 않다가 결국은 울기 시작한다. 데이비드는 도라를 진심으로 사랑한다고 하지만 도라는 그에게 앞으로는 '가난해진다느니, 열심히 일한다느니 하는 말은 하지 말라'고 말한다. 그녀는 자기 애완견 짚이 매일 양고기를 먹을 수 있을지를 더 걱정한다. 데이비드가 도라에게 집안 살림이나 요리 같은 것을 배우면 도움이 되겠다고 말하자, 거의 병적으로 흥분해 기절하고 만다. 마침내 밀즈 양이 방에 들어와 도라를 진정시킨다. 나중에 밀즈 양은 데이비드에게 도라는 '대자연의 총아'여서 실생활의 책임 같은 것은 어울리지 않는다고 말한다.

데이비드는 속기술을 배우기가 매우 어렵지만, 도라에 대한 사랑에 고무되고 트래들스의 충고와 지원에 힘입어 어느 정도 자신이 붙는다. 마침내 데이비드는 시험 삼아 회관에서 어떤 발언자의 연설을 기록해 보지만 유감스럽게도 연습을 훨씬 더 많이 해야겠다는 것을 실감한다.

어느 날 데이비드가 회관으로 가는데 도라의 아버지 스펜로 씨가 그를 불러 가까운 찻집의 2층 방으로 데려간다. 그곳에서 데이비드는 그가 도라에게 보낸 편지들을 전부 가지고 있는 머드스톤 여사와 마주하게 된다. 도라의 개 짚이 편지 한 장을 갖고 놀다가 머드스톤 여사에게 발각되었다는 것이다. 스펜로 씨는 몹시 화를 내고, 데이비드가 도라와 약혼했다고 말하자 필요하다면 유언장을 고치겠다고 위협해서라도 '결혼이라는 어떤 어리석은 행위가 가져올 결과'로부터 딸을 보호하겠다는 결심을 밝힌다. 스펜로 씨는 데이비드가 도라와 결혼할 생각을 버린다면 이번 일을 덮겠다고 말한다. 데이비드가 거절하자 스펜로 씨는 일주일의 말미를 주면서, 마음을 바꾸지 않으면 도라를 다시 외국으로 내보내겠다고 한다.

그 한 주 동안 데이비드는 밀즈 양과 의논해 보지만, 더욱 비참해지는 느낌만 들어 전보다 더 우울해진다.

다음 토요일, 데이비드는 사무실에 갔다가 스펜로 씨가 전날 밤 까닭 모르게 사망했다는 소식을 듣는다. 며칠 후 조킨스 씨와 데이비드, 그리고 사무소 서기 한 명이 스펜로 씨의 책상을 뒤져보지만 유언장은 찾지 못한다. 오히려 그의 기록이 아주 엉망이고, 적자 생활을 해왔기 때문에 도라에게 남긴 돈이 거의 없다시피 하다는 사실이 밝혀진다. 도라는 독신으로 사는 두 고모의 집으로 가서 살게 되고, 그 동안의 도라에 관한 소식은 그의 '유일한 말동무'가 된 빌스 양의 일기장을 통해서만 들을 수 있을 뿐이다.

37장은 데이비드가 깊은 사랑에 빠져 독자들이 모두 아는 사실, 즉 현 상태로는 도라가 장애물이 될 뿐임을 전혀 깨닫지 못한다는 점을 주요하게 다루고 있다. 독자들이 보기에 데이비드에게는 누이 같은 애그니스가 훨씬 더 좋은 배필이다.

38장의 핵심 줄거리는 디킨스와 마리아 비드넬의 연애 사건과 유사하다. 스펜로 씨는 딸의 결혼을 막기 위해 도라를 파리로 보내겠다고 말하는데, 비드넬의 경우가 바로 그랬다. 소설에서는 스펜로 씨가 죽어서 데이비드가 연인과 결혼하게 되지만, 디킨스의 실생활에서는 그런 운이 따르지 않았다.

Chapters 39, 40

 엠리를 찾아 나서는 페거티 씨

벳시 왕고모는 데이비드를 도버로 보내 유일하게 남은 재산인 집의 임대 문제를 살펴보도록 한다. 그녀는 데이비드가 이 일을 하면서 우울증을 떨쳐버리리라 기대한다.

데이비드는 도버에서 일을 신속하게 매듭짓고, 내친 김에 캔터베리로 위크필드 씨와 애그니스를 찾아간다. 위크필드 씨 집에서 미코버 씨(지금은 유리아의 서기로 있다.)를 만나 새로 얻은 일자리에 대해 이야기하고, 미코버 씨가 새 고용주를 좋아하는 것을 보고 '굉장한 일'을 하겠거니, 하고 생각한다. 그러면서도 데이비드는 그에게서 어떤 '불안한 변화'를 감지한다.

데이비드는 애그니스를 만나 자기가 곤경에 처했으며, 그동안 그녀의 자문을 받지 못해 아쉽더라는 말을 한다. 도라는 '걸핏하면 불안해 하고 놀라기' 때문에 속마음을 딜이놓기가 힘든다고도 말한다. 애그니스는 그에게 도라의 고모들에게 편지로 허락을 구해 그녀를 한 번 찾아가 보라고 권한다.

데이비드는 애그니스의 방에서 나와 아래층으로 내려가 유리아 히프와 위크필드 씨를 만난다. 히프 부인도 그 집에서 살고 있는데, 데이비드는 히프 모자가 '두 마리 커다란 박쥐가 매달려 있듯 그 추악한 몰골로 분위기를 어둡게 만들고 있다'고 생각한다. 다음날 유리아가 산책을 나선

데이비드를 따라와 애그니스를 두고 데이비드가 자기와 경쟁자가 될까봐 걱정이라고 실토한다. 데이비드가 마지못해 '다른 숙녀와 약혼했다'고 말하자, 안도의 빛이 역력하다. 마음을 놓은 유리아는 데이비드에게 자기가 런던의 자선학교에서 교육받았으며, 그곳에서 '기꺼이 굴욕'을 참는 법을 배웠노라고 말한다. 이제 유리아는 '약간의 권력'을 잡았다며 우쭐댄다.

저녁식사 때 유리아는 그 권력을 이용해 애그니스와 결혼하고 싶다는 뜻을 넌지시 밝힌다. 위크필드 씨가 격노하자 데이비드가 진정시키려고 애쓴다. 유리아는 위크필드 씨가 홧김에 '무슨 말… 나중에 후회할 말'을 할까봐 겁내면서, 다시 비굴한 자세로 돌아간다. 위크필드 씨는 데이비드에게 인생이 몰락해 부끄럽다고 하면서 흐느끼기 시작한다. 애그니스가 방으로 들어와 아버지를 위로하며 데리고 나간다. 그날 밤 늦게 데이비드는 애그니스에게 '그릇된 책임감 때문에 스스로를 희생시키지 않겠다'는 다짐을 받는다. 다음날 아침 데이비드가 떠날 때 유리아가 나타나서 어쩌면 자기가 '설익은 배'를 땄는지도 모르겠다고 시인하면서도 "하지만 언젠가는 익겠죠. 난 기다릴 수 있어요!"라고 말한다.

어느 눈 오는 밤, 데이비드는 스트롱 박사 집에 다녀오다가 길에서 어떤 여자를 지나치는데, 아는 얼굴이지만 누구인지 생각나지 않는다. 얼마 후 페거티 씨를 만난 그는 조금 전에 지나쳤던 여자가 엠리가 도와주었던 마사 엔델임을 깨닫게 된다. 페거티 씨와의 우연한 만남은 데이비드가 폭풍을 피해 가던 길에 성 마틴 성당의 계단에서 이루어진다.

페거티 씨는 엠리에게서 받은 여러 통의 편지를 데이비드에게 보여준다. 엠리는 그 편지에서 이해와 용서를 구하면서 절대로 돌아오지 않겠다는 뜻을 밝힌다. 편지에는 스티어포스에게서 받은 것이 분명한 돈도 동봉되어 있지만, 페거티 씨는 '1만 마일'을 찾아가서라도 한 푼 남김없이 돌려주겠노라고 다짐한다. 마지막으로 받은 편지에는 어퍼 라인 지방의 어느 도시 소인이 찍혀 있고, 페거티 씨는 엠리를 찾아 그곳으로 갈 작정이라고 밝힌다. 데이비드는 페거티 씨가 이야기하는 내내 마사 엔델이 여인숙 문간에서 엿듣는 모습을 본다. 잠시 후에 두 사람은 헤어지고, 슬픔에 잠긴 엠리의 삼촌은 '다시 외로운 여행길에 오른다.'

39장에서 유리아는 마침내 본색을 드러낸다. 그는 지금도 걸핏하면 '비천함'을 내세우지만, 어린 시절 자선학교에 다

넛다는 이야기에서 '거짓 겸손'이 교육에 의한 것임이 드러난
다. 유리아 히프는 위크필드 씨를 손아귀에 넣고, 지배의 원천
을 비밀에 부치려고 한다.

    40장에서 선량하고 고매한 페거티 씨의 애처로운 여행
은 빅토리아 시대의 독자들이 좋아하던 유형이다. 애정이 넘
치는 '아버지'는 온갖 고난에도 굴하지 않고 최선을 다해 고집
센 자식을 찾아 지구 끝까지라도 갈 작정이다. 타락한 마사 엔
델은 엠리가 몸 파는 여자가 되려는 순간에 구출하는 데 일조
한다. 이 장에서 디킨스는 줄거리를 더욱 복잡하게 전개하기
위해 다시 한 번 '우연'(뜻밖의 만남)을 도입한다.

Chapters 41, 42

 ## 결혼승낙이 떨어지다

데이비드는 도라의 고모인 라비니아 여사와 클라리사 스펜로에게서 '믿을 만한 친구'와 함께 찾아와도 좋다는 답장을 받는다. 데이비드는 트래들스에게 부탁해서 함께 가는데, 여행중에 트래들스는 여담으로 소피와 약혼했지만 그녀 가족들이 반대한다는 이야기를 한다. 이에 데이비드는 더욱 불안해진다.

스펜로 자매는 검은 상복을 입고 있는데, 데이비드는 두 마리의 '민첩하고 팔팔하고 변덕스러운… 카나리아'를 떠올린다. 그들이 트래들스에게 코퍼필드 씨라고 부르자 데이비드의 불안감은 더욱 커진다. 대화가 진행되면서 데이비드는 결혼승낙 여부를 결정할 사람은 동생인 라비니아라는 것을 알게 된다. 한동안 질의응답과 훈계가 이어진 끝에 데이비드가 도라에게 '구혼해도 좋다'는 결정이 내려진다.

얼마 후 벳시 왕고모도 스펜로 자매와 친분을 맺어 서로 원만하게 지내지만, 도라의 개 집만은 예외다. 데이비드는 왕고모가 도라를 어린애 취급하는 것을 보고 도라에게 이 이야기를 꺼냈다가 그녀가 울기 시작하자 그만둔다. 그는 또 도라에게 주부가 할 일을 가르칠 생각으로 '요리책'도 구해 오고, 가계부 적는 법도 일러준다. 도라는 곧 싫증을 내며 가계부에 온통 그림을 그린다. 데이비드는 아무런 진전이 없자 그저 그녀와 함께 즐겁게 지내기로 마음먹는다.

애그니스가 보름 예정으로 민법박사회관을 방문하는 아버지와 함께 온 후에, 회관 정원에서 유리아가 한쪽 구석으로 데이비드를 부른다. 그는 애그니스를 사랑한다고 말하면서 스트롱 박사의 젊은 아내 애니에 대한 증오심을 드러낸다. 애니가 자기와 애그니스 사이를 방해한다는 것이다. 이어서 그는 애니와 잭 맬던이 모종의 관계를 맺고 있다고 넌지시 말한다.

다음날 저녁 데이비드는 애그니스를 데리고 도라를 만나러 간다. '애그니스가 그녀를 좋아하기를' 간절히 바랐던 데이비드는 두 사람이 아주 친해지는 것을 보고 기뻐한다. 사실 도라는 애그니스를 보고 나서는 데이비드가 왜 애그니스 같은 훌륭한 재원(才媛)을 마다하고 자기를 사랑하는지 의아하게 생각한다.

데이비드가 스트롱 박사의 집에서 애그니스와 헤어진 후 서재에 불이 켜져 있는 것을 보고 들어가니 위크필드 씨와 스트롱 박사, 유리아 히프가 흥분해 있다. 유리아는 방금 스트롱 박사에게 애니와 잭 맬던의 '비행'을 알려주었노라고 데이비드에게 말한다. 위크필드 씨는 자기도 애니가 스트롱 박사와 결혼한 것은 '오직 재산 때문'일지 모른다고 생각했다고 실토한다. 그러나 스트롱 박사는 이런 일이 벌어진 것은 아내가 너무 젊기 때문이라고 자책하면서 애니를 '누명 쓴' 아내라고 말한다.

박사와 위크필드 씨가 방에서 나간 후, 데이비드는 '나를 네 음모에 끌어들였다'며 유리아와 다투다가 그의 뺨을 때린다.

데이비드는 나중에 스트롱 박사가 아내에게 '너그러운 마음'을 갖고 있다는 것을 깨닫고는 그녀에게 친정어머니와 더 많은 시간을 보내면서 '삶의 무료함을 달래도록 하라'고 권한다. 애니는 남편과의 불화를 안타까워하면서 자주 '눈물을 글썽인다.' '두 사람의 연결고리' 역할을 하는 사람은 딕 씨뿐이다.

데이비드는 미코버 부인의 편지를 받는다. 편지에는 "미코버 씨가 완전히 변했답니다… 숨기는 게 있어요"라고 쓰여 있다. 그리고 남편에게서 최소한의 생활비도 얻어내기가 힘들다면서 데이비드의 조언을 구한다.

41장에서 디킨스는 다시 한 번 도라의 생동감 넘치는 모습을 보여주면서, 약간이라도 수양을 요구하는 일은 전혀 감당하지 못하는 비현실적인 여자 또는 '예쁜 장난감' 정도로 그리고 있다. 도라는 어리석기는 하지만 사랑스럽다. 그러나 독자들은 데이비드의 진실한 사랑을 의아해 하면서 지금 추진 중인 결혼이 과연 성공할 수 있을까 의문을 품게 된다.

42장에서 디킨스는 또 다른 여자, 즉 결백한 애니가 히프에게 중상모략을 당하는 데 초점을 맞춘다. 여기서 데이비드가 구원자로 나서서 히프를 때리지만 그 사악한 음모를 물리치지는 못한다. 이 소설의 후반부에 전개되는 여러 가지 부차적인 사건에서 데이비드는 대체로 이야기의 관찰자로만 머물며 중재할 힘이 없다.

Chapters 43, 44

  결혼의 환상은 이내 현실로

데이비드는 자기 삶을 돌아보면서 도라에 대한 사랑이 어떻게 무르익었는지 회고한다. 그는 이제 스물한 살이 되었고, '사나운 속기비법을 길들여' 어느 조간 신문에 의회의 심의내용을 기고하고 있다. 그는 몇몇 잡지에도 글을 써서 어느 정도 성공을 거두고 있기 때문에 '모두 합치면 수입은 넉넉한 편'이라고 말한다. 그러나 그가 행복한 것은 무엇보다도 결혼을 앞두고 있기 때문이다.

도라의 고모인 라비니아와 클라리사는 신부의상을 만드느라 들떠 있다. 벳시 왕고모는 런던의 상점에 가서 가구를 마련해 오고, 페거티는 데이비드와 새색시가 살게 될 오두막집을 닦고 또 닦으며 거든다. 결혼식에는 토미 트래들스도 참석한다. 소피, 트래들스의 약혼녀, 애그니스 위크필드는 신부의 들러리를 서준다.

데이비드가 교회당 문 앞에 당도한 후로는 '나머지 일은 모두 종잡을 수 없는 꿈만 같다.' 그러나 결혼 피로연을 끝내고 데이비드는 도라와 마차를 타고 떠나면서 비로소 꿈에서 깨어나 '곁에 있는 사람이 내가 너무나도 사랑하는 아름답고 귀여운 아내로구나!' 하고 깨닫는다.

결혼식의 마술은 이내 깨진다. 두 사람의 하녀 메리 앤 패러건은 요리 솜씨가 형편없다. 데이비드는 도라에게 식사준비에 관해 한 마디 하라고 말하지만, 도라가 할 수 있는 일이라곤 그저 우는 것이 전부다. 데이비

드는 왕고모에게 아내를 타일러 집안 살림을 잘 설명해 주라고 부탁하자, 거절하고는 '연약한 꽃'은 인내심을 가지고 대해야 한다면서 '새색시를 없는 자질이 아니라 있는 자질로 평가하라'고 일러준다.

무능한 하녀들이 연달아 들어왔다가 나간다. 데이비드와 도라가 물건을 사러 가면 상인들이 속이기 일쑤다. 어느 날 만찬에 트래들스기 오지만, 데이비드는 집안이 워낙 난장판이라 트래들스가 나이프와 포크를 제대로 움직일 공간도 없겠다고 생각한다. 짚은 식탁에 올라가서 '소금이나 녹은 버터에 발을 담근다'. 양고기는 설익고, 도라가 사온 조개는 딸 수가 없다. 트래들스가 돌아간 후 도라가 미안하다고 말하지만, 데이비드는 "나도 당신만큼 속이 상해, 여보" 하고 털어놓는다. 나중에 데이비드는

원고를 쓸 때 '아기 색시'의 '도움'을 받는데, 그는 글을 쓰고 그녀는 옆에
앉아서 펜을 잡아준다.

　　43장의 첫 부분은 디킨스 자신이 작가생활을 시작하던
때를 그린 것이다. 디킨스는 런던 모닝 크로니클 지의 의회담
당 기자가 되었고, 이 기간중에 그의 런던 생활을 담은 글들
이 잡지에 실렸다. 그 직후인 1836년에 캐서린 호가스와 결혼
하지만, 사실은 처제 메리 호가스를 더 좋아했다. 이런 관계는
데이비드가 누이처럼 사랑하는 애그니스와의 관계와 비슷하다.

　　44장도 이런 자전적 이야기를 계속한다. 데이비드가 구
애하는 상황은 대체로 디킨스와 마리아 비드넬의 관계에 바탕
을 두었지만, 도라가 무능하다는 이야기는 아내 캐서린 호가
스에 대한 그의 견해를 반영한 것이다. 또 하나 재미난 것은 '마
리아 비드넬'과 '마사 엔델'이라는 이름이 비슷하다는 점인데,
작가의 또 다른 잠재의식을 보여주는 것일 수도 있다.

Chapters 45, 46

 ## 스트롱 박사 부부의 화합

  데이비드는 스트롱 박사를 자주 만나면서 그의 결혼생활이 갈수록 어려워지고 있다는 것을 알게 된다. 애니는 집에 있고 싶어하지만, '노병(老兵)' 마클햄 부인은 딸을 오페라, 음악회 등으로 끌고 다닌다. 비록 스트롱 박사가 애니에게 더 다니라고 권하고는 있지만 이기적인 마클햄 부인은 부부간의 틈을 더욱 벌려놓는다. 딕 씨가 이 문제로 골치를 썩는 것은 스트롱 박사와 애니 두 사람 모두의 친구이기 때문이다. 왕고모는 데이비드와 이야기하던 중에 조만간 딕 씨가 '모종의 대단한 방법으로 두각을 나타낼 것'이라고 예견한다.

  어느 날 밤, 딕 씨가 거실로 데이비드를 찾아온다. 딕 씨는 스트롱 박사 부부의 결혼생활이 표류하고 있다며 걱정한다. 스트롱 박사가 아내에게 화를 내더냐고 딕 씨가 묻자 데이비드는 "아녜요. 아내를 사랑해요" 하고 대답한다. 딕 씨가 "그렇다면 알겠네!" 하고 대꾸한다.

  어느 가을날 저녁에 데이비드가 왕고모와 함께 스트롱 박사를 방문한다. 마클햄 부인이 집에 있다가 방금 스트롱 박사가 전 재산을 애니에게 물려준다는 유언장을 작성하는 것을 엿들었다고 말한다. 마클햄 부인은 기뻐하면서 정말 잘된 일이라고 말한다. 모두가 서재로 가보니 어두운 곳에 딕 씨가 서 있다. 애니가 '창백한 모습으로 부들부들 떨면서' 슬그머니 방 안으로 들어온다. 딕 씨가 한 팔로 애니를 부축하고, 다른 손을 박사의 팔에 올려놓는다. 애니가 남편 앞에 무릎을 꿇고 '오랜 침묵을 깨달라'고 간청한다. 스트롱 박사는 그녀의 탓만이 아니라고만 말한다. 유리아 히프로 인해 그녀의 남편이 품게 된 의혹은 데이비드가 나서서 해명한다. 이어 애니가 재산을 노리고 박사와 결혼했다는 의혹을 해소하는 가운데 자기 어머니의 기회주의를 폭로한다. 애니는 박사와 결혼하기 전에 잭 맬던을 '아주… 아주' 좋아했노라고 시인한다. 그녀는 또 자기와 잭 맬던이 '한때 풋내기 연인'이었으며, 어쩌면 정말로 그 남자를 사랑한다고 '확신해' 결혼했더라면 '정말 못된 년'이 되었을지도 모른다고 말한다. 그러면서 남편에게 다짐한다. "저는 당신을 욕되게 한 적이 없어요. 당신께 품은 사랑과 정절이 흔들려본 적이 없다구요." 이어 두 사람이 화해한 후에 벳시 왕고모는 일이 잘 해결된 것을 딕 씨의 공으로 돌리면서 말한다. "딕, 정말 훌륭하구려!"

　데이비드는 결혼한 지 1년이 다 되고 집필생활에서도 성공을 거두고 있다. 어느 날 그는 소설을 구상하며 산책을 하고 집으로 돌아오다가 스티어포스 어머니의 집 앞을 지나게 된다. 그때 스티어포스 부인의 하녀가 그를 불러 세우며 로자 다틀이 뵙고 싶어한다고 전한다.

　다틀 양은 데이비드에게 엠리를 찾았느냐고 묻고, 그가 모른다고 대답하자 '그 여잔 아마 죽었을 테니까'라고 냉혹하게 말한다. 다틀 양이 리티머를 불러와 그에게 전말을 이야기하라고 이른다. 리티머는 자기가 스티어포스와 엠리와 함께 온 유럽을 돌아다녔으며 가는 곳마다 엠리에 대한 칭찬이 자자했다고 말한다. 하지만 엠리는 가끔 풀이 죽어 있었고, 그래서 스티어포스와 자주 말다툼을 벌이던 끝에 마침내 스티어포스가 그녀 곁을 떠났다는 것이다. 스티어포스는 헤어지기 전에 그녀에게 리티머와 결혼해야 할 거라고 암시하기도 했다고 말한다. 엠리가 너무 큰 충격을 받은 나머지 자살하지 않도록 자기가 줄곧 감시해야만 했다고도 한다. 또 엠리가 자기한테서 도망친 후로는 보지 못했다고 말한다. 다틀 양은 다시 한 번 엠리('그 비천한 계집')가 죽었으면 하는 바람을 드러낸다.

다음날 저녁, 데이비드는 런던의 헝거퍼드 시장에 가서 페거티 씨를 찾는다. 데이비드는 그에게 리티머한테서 들은 이야기를 전하고, 엠리를 찾으려면 런던에서 살고 있다는 엠리의 친구 마사 엔델에게 도움을 청해야 한다는 데 의견이 일치한다. 마사를 찾으러 나가기 전에 페거티 씨는 촛불을 켜놓고 엠리의 옷도 한 벌 펼쳐놓는다. 우연히도 데이비드와 페거티 씨는 길에서 마사 엔델을 목격하고 이야기하기 적당한 장소까지 뒤를 쫓는다.

45장은 권선징악의 이야기다. 마클햄 부인은 본 모습 그대로 이기적인 인물임이 폭로된다. '헌신적'인 스트롱 박사와 그의 흔들림 없는 아내가 재결합하면서 곁가지 이야기 하나가 매듭지어진다. 디킨스는 또 딕 씨가 두 남녀를 화해시키는 데 공을 세우노독 함으로씨 '약자의 옹호자'로서 그의 일면을 보여준다.

디킨스는 46장에서 이야기 전개속도를 늦춰 리티머로 하여금 엠리와의 여행담을 장황하게 늘어놓도록 한다. 리티머는 엠리가 여러 나라 말을 잘해서 '시골사람 같지 않았고… 장점이 많아서 정말로 사람들의 주목을 끌었다'고 말한다. 그러나 그녀에게는 바닷가에 앉아서 뱃사공의 아내나 아이들과 이야기를 나누는 것이 가장 큰 즐거움인 것 같았다고 한다. 데이비드는 '머나먼 바닷가에서 어린이들과 함께 앉아 있는' 엠리의 모습을 그려본다. 엠리는 처음 데이비드를 만났을 때 바다가 무섭다면서 '귀부인'이 되고 싶다고 했고, 어촌을 탈출해서 '귀부인'이 될 기회를 잡기 위해 햄을 버리고 스티어포스를 택했던 것이다. 리티머가 전한 이야기는 엠리가 결국 이기적인 야망을 버리게 되리라는 전조가 된다. 남의 감정은 아랑곳없이 자기 야심을 실현하려는 것은 비극적인 성격상 결함이기 때문에 불행으로 끝날 수밖에 없다는 것이 디킨스의 생각이다.

Chapters 47, 48

 도라의 건강에 이상이

데이비드와 페거티 씨는 마사 엔델이 강(아마도 템스 강)기슭에 막 다가서려고 할 때 그녀를 붙잡는다. 데이비드는 마사가 자살할 생각임을 직감하고 페거티 씨와 함께 그녀를 강가에서 끌어낸다. 마사는 자기 삶이 너무 비참하기 때문에 강물에 뛰어드는 것이 상책이라면서 흐느낀다. 그녀는 엠리가 사라진 것은 자기 탓이라며 그토록 친절했던 엠리 때문에 슬픔에 잠겨 제정신이 아니다. 데이비드는 그녀 때문이 아니었다고 하면서 자기들은 실종된 그녀를 찾기 위해 도움을 청하러 왔다고 설명한다. 이제 살아야 할 이유가 생긴 마사는 엠리를 찾을 때까지 절대 포기하지 않겠다고 다짐한다.

데이비드가 왕고모 집에 돌아와보니 전에 왕고모를 당황하게 했던 그 정체 모를 남자가 정원에 있다. 그는 왕고모가 집에서 나와 돈을 건네자 떠난다. 데이비드가 왕고모에게 누구냐고 물으니 '남편'이라고 실토한다. 왕고모는 여러 해 전부터 그와 별거해 왔으며, 도박꾼에 사기꾼이 되었다고 말한다. 그러면서 옛 정 때문에 아직 돈을 주기는 하지만, 집에 나타나는 것은 딱 질색이라고도 말한다. 이어 데이비드에게 이 일을 비밀로 해달라고 부탁한다.

데이비드는 신문사 일을 하면서 어렵사리 소설을 한 권 탈고해 성공을 거둔다. 그는 신문기자 일을 그만두기로 결정한다.

결혼한 지 1년 반이 되도록, 데이비드와 도라는 여전히 집안 살림을 제대로 꾸려가지 못한다. 그들은 사환을 한 명 고용하지만, 걸핏하면 요리사와 싸우고 음식을 훔쳐 먹기 일쑤다. 그 사환은 결국 도라의 시계를 훔친 혐의로 감옥에 간다. 데이비드는 이어 도라가 집안 살림을 책임질 수 있도록 '정신을 단련해' 주기로 작정한다. 그는 우선 도라에게 셰익스피어를 읽어주고 '쓸모 있는 정보나 건설적인 견해를 간추려' 전해 준다. 이런 노력들이 실패하자, 데이비드는 애그니스를 떠올리면서 도라를 만나지 않았더라면 인생이 어떤 모습이었을까, 하고 생각해 보기도 한다.

데이비드는 아기가 태어나면 '아기 색시'가 성숙한 여인으로 변할 것이라고 기대해 보지만, 아기는 태어나자마자 죽고 도라의 건강은 쇠약해지기 시작한다. 어느 날 밤, 벳시 왕고모가 '꽃다운 새 아가'에게 작별인사를 고하고 떠난 후 데이비드는 "아, 운명적인 이름이여. 꽃은 나무에서 핀 채로 시드는구나!" 하고 생각한다.

디킨스는 47장에서 단련된 인격과 총명한 분별력에 대한 주제를 부각시킨다. 디킨스는 벳시 왕고모를 데이비드 또는 디킨스 자신이 존경하는 여자로 그리면서도, 왕고모의 남편이 아직 살아 있으며 왕고모가 그에게 상당한 액수의 돈을 주어왔다는 사실을 데이비드에게 실토하도록 만든다. 그녀는 '그 남자(남편)를 꽤나 사랑했으며… (하지만) 그 남자는 그 보답으로 자기 운명을 망치고 자신을 비탄에 빠지게 했다'고 회상한다. 그런데도 그녀는 여전히 '그가 죄를 지어 처벌받게 하느니' 차라리 돈을 주고 있다. 디킨스가 거의 '완벽한' 인간 상을 발견하는 것은 오직 애그니스뿐이다. 애그니스는 찬탄할 만한 감정 억제력과 분별력을 갖추고 데이비드를 참고 기다리며, 데이비드는 그녀를 누이로 대하면서 암묵적인 사랑으로 보답한다.

48장에서는 데이비드가 도라를 시들어가는 꽃에 비유함으로써 도라의 죽음이 분명하게 예시된다. 또한 짚의 건강 상태에서도 그녀의 죽음이 암시된다. 개를 두고 이루어지는 대화는 도라의 임박한 죽음을 예고하는 것이다. 도라가 "저 개는 갈수록 느려지고 있어요"라고 말하자 왕고모는 대뜸 "개의 탈이 그 정도가 아닌 것 같더라" 하고 대꾸한다. 아기가 죽은 후 도라는 너무 쇠약해져 데이비드가 업고 아래 위층을 오르내려야 한다. 독자들은 또 한 차례의 임종장면을 예상하게 된다.

 ## 엠리, 삼촌 품으로

　　데이비드는 민법박사회관에 갔다가 미코버 씨가 화려한 문체로 쓴 장문의 편지를 받는다. 편지에서 미코버 씨는 데이비드에게 킹스벤치 교도소 앞에서 트래들스와 함께 만나고 싶다고 전한다. 편지 내용이 이상야릇해 데이비드는 그 의미를 해독하고자 몇 번이고 되풀이해 읽는다.

　　데이비드와 트래들스는 약속된 장소에 가서 미코버 씨를 만나보고 그가 엄청난 생각을 품고 있음을 직감한다. 데이비드가 유리아의 안부를 묻자, 미코버 씨는 그런 자를 아는 사람들 모두가 한심하다고 대꾸한다. 마침내 그들은 이야기를 나누기 위해 역마차를 타고 벳시 왕고모의 집으로 간다. 벳시 왕고모와 딕 씨가 집에 있다. 그들이 미코버 씨에게 맛있는 펀치를 만들어달라고 청하지만, 그는 정신이 다른 데 팔려 있어 자기가 무슨 일을 하는지 잊어버리고는 펀치를 망친다. 미코버 씨가 마침내 그를 심란하게 만든 장본인의 이름을 댄다. "사악하구나… 온통 흉악함으로 덩어리진 그 이름은 … 히프!" 미코버 씨는 그를 '가증스러운 뱀'이라고 부르면서 그 '위선자이자 위증자'를 산산조각 내겠다고 다짐한다. 미코버는 위크필드 일가에 대해서도 몇 마디 언급하지만 자기가 그들에게 무슨 짓을 했는지는 밝히지 않고 서둘러 집을 떠난다. 그는 헤어지면서 조만간 만나서 '그 용납할 수 없는 불량배 히프의 정체를 폭로할' 작정이라고 말한다. 1주일 후 데이비드는 캔터베리의 어느 여관에서 만나자는 미코버 씨의 편지를 받는다.

데이비드는 엠리가 죽었을까봐 걱정하지만, 페거티 씨는 여전히 그녀가 무사히 돌아올 것이라고 믿는다. 그 동안 페거티 씨는 자주 데이비드의 집을 찾는데, 데이비드와 도라는 그의 변치 않는 신념에 감복한다.

어느 날 밤 마사가 데이비드를 찾아와 당장 런던에 함께 가자고 말한다. 그녀는 페거티 씨에게는 가능한 한 빨리 오라는 쪽지를 남겨놓고 왔다면서, 무슨 일인지는 밝히지 않는다. 런던에 도착해 어느 누추한 하숙집으로 가보니, 로자 다틀이 마사의 하숙방으로 들어가고 있다. 데이비드는 마사와 함께 문틈으로 엿듣다가 엠리의 목소리를 알아차린다. 그들은 다틀 양이 스티어포스가 사라진 것은 엠리 탓이라며 욕설을 퍼붓는 소리를 듣는다. 엠리가 용서해 달라고 빌지만 다틀 양은 계속 원한에 찬 욕설

을 내뱉는다. "네가 내일도 이 집에서 살고 있다면, 난 네 과거와 사람 됨됨이를 이 집 공동계단에서 폭로할 테다." 데이비드는 여러 차례 뛰어 들어가려다가 페거티 씨가 올 때까지 기다리기로 한다.

다틀 양이 서둘러 방에서 나와 마침 달려 올라오던 페거티 씨를 스치며 계단을 내려간다. 엠리가 '아저씨'를 부르며 페거티 씨의 품에 안겨 기절한다. 페거티 씨가 의식을 잃은 그녀를 두 팔로 안고 층계를 내려간다.

49장에서 디킨스는 다시 자전적인 서술로 돌아가 유창한 필치로 편지쓰기를 즐기는 미코버 씨의 버릇에서 자기 아버지의 틀에 박힌 웅변 습관을 재현한다. 또 미코버에게는 어린애 같은 충동에 휩쓸리곤 하던 자기 아버지의 모습도 구현되어 있다. 예를 들어, 미코버는 자기를 괴롭히는 문제가 무엇인지 밝히지 않으려다가, 사람들이 펀치 만드는 솜씨를 보여 달라면서 구슬리니까 그제서야 입을 연다.

50장은 종종 멜로드라마의 요소가 있다는 평을 받는다. 예를 들어, 엠리는 여전히 다틀 양의 모욕에 제대로 방어하지 못하는 순진한 여자로 나온다. 또 엠리는 용서를 구하면서도 스티어포스에 대한 열정 때문에 얼마나 고통받았는지를 털어놓는다.

Chapters 51, 52

 이민을 준비하는 페거티 씨 일행

다음날 아침, 페거티 씨가 찾아와 데이비드와 왕고모에게 엠리가 리티머한테서 도망가던 이야기를 들려준다. 엠리는 바닷가를 따라 달리다가 지쳐 쓰러졌는데, 깨어보니 어떤 여자가 자기를 굽어보고 있었다고 했다. 그 여자가 엠리를 알아보고 자기 집에 데려다가 돌봐주고 배를 타고 프랑스에 가도록 주선했다.

프랑스에서 엠리는 '어떤 여관에서 여행중인 귀부인들 시중드는 일'을 하던 어느 날 '그 뱀 같은 놈'(스티어포스 내지는 리티머)을 보고는 당장 그만두고 영국으로 돌아왔다. 엠리는 곧장 야머스로 가고 싶었지만 페거티 씨가 용서하지 않을 것이 두려워 런던으로 향했다. 런던에서 엠리는 전에 친구로 여겼던 어떤 여자를 만났지만, 이 여자는 사실 엠리를 사창가로 데려갈 속셈이었다. 그런데 엠리가 몸을 망치기 전에 때마침 마사가 나타나서 구해 주었다는 얘기였다.

페거티 씨는 엠리와 함께 호주에 가서 새 생활을 시작할 생각이라고 말한다. 다음날 아침에 페거티 씨와 데이비드는 야머스에 가서 호주로 떠날 준비를 한다. 데이비드는 또 오머 씨의 상점을 찾아간다. 그 나이 든 재단사는 반신불수가 되어 휠체어 신세를 지고 있지만 기분만은 매우 좋다. 그는 데이비드가 쓴 책을 읽었노라면서 그와 그의 가족을 알게 된 것이 무척 자랑스럽다고 말한다.

데이비드가 이어 페거티 씨 집에 가보니, 페거티 씨는 여행을 앞두고 짐을 꾸리고 있다. 햄은 데이비드에게 자기 대신 엠리에게 편지를 써서 애정을 강요한 것에 대해 용서를 바란다는 말을 전해 달라고 부탁한다. 햄은 엠리가 자기와 약혼하지만 않았더라면 자기에게 고민을 털어놓았을 것이고, 그랬더라면 자기가 엠리를 구할 수 있었을 것이라고 말한다.

페거티 씨가 낡은 뱃집의 문을 마지막으로 닫아걸려고 할 때 거미지 부인이 자기도 데리고 가달라고 애원한다. 페거티 씨는 그녀의 청을 받아준다. 다음날 아침, 일행은 호주로 향하는 긴 여행을 시작하기 위해 런던으로 떠난다.

데이비드와 딕 씨는 미코버 씨가 마련한 그 수수께끼 같은 모임에 참석하기 위해 캔터베리로 떠날 준비를 한다. 도라는 그들이 돌아올 때까지 혼자서 잘 지낼 수 있다고 하면서 벳시 왕고모도 함께 가보라고 말한다. 토미 트래들스도 따라나선다. 미코버 씨는 그들에게 ‘위크필드 앤 히프 사무소’를 방문해 위크필드 양을 찾으라고 말하고는 먼저 사라진다.

일행은 어리둥절해 지시받은 대로 그 사무소를 찾아가서 애그니스 위크필드를 만나러 왔다고 말한다. 먼저 와 있던 미코버 씨가 일행을 안내해 위크필드 씨가 쓰던 사무실로 간다. 유리아 히프가 그 방에 있다가 깜짝 놀란다. 유리아는 특유의 불안하면서도 굽실거리는 몸짓으로 ‘정중한’ 주인 노릇을 해보려고 한다. 그러나 애그니스가 합류하자 미코버 씨가 유리아의 속임수를 호되게 질타하기 시작한다. 미코버 씨는 이어서 당당한 태도로 회사와 위크필드 씨, 그리고 자신에 대한 유리아의 죄상을 낱낱이 기록해 놓은 서류를 읽어나간다. 증거가 확실한데도(유리아가 폐기했다던 수첩 등) 겁 많은 악당은 아무것도 시인하지 않고 협박으로 되받아치기만 한다. 히프 부인은 계속 아들에게 ‘비천해지라’고 일러주지만,

유리아는 소용 없으리라 생각한다. 실제로 유리아는 어머니가 자기도 모르게 몇 가지 혐의사실을 입증하자 제정신이 아니다.

모든 사실이 밝혀지자 왕고모가 나서서 공격에 가담한다. 그녀는 히프의 목덜미를 잡고 자기가 투자했던 돈을 물어내라고 요구한다. (왕고모는 전에 위크필드의 마음을 상하게 할까봐 자기가 입은 손실은 자기 탓이라고 했지만, 이제는 유리아가 '더할 나위 없는 악당'임을 깨닫는다.) 데이비드가 간신히 왕고모를 진정시켜 놓은 후 트래들스가 나서서 유리아에게 그가 저지른 모든 부정직한 거래에 대해 배상하지 않으면 감옥에 보내겠다고 말한다.

자신의 공적에 사뭇 흐뭇한 미코버는 가족들과 재결합하게 되어 더욱 기뻐한다. 그는 다시 '무슨 수가 나겠지' 하고 생각하다가 왕고모가 필요한 돈을 '대부'해 줄 테니 가족을 데리고 페거티 씨와 함께 호주로 이민 가면 어떻겠느냐고 제의하자 기뻐서 어쩔 줄 모른다. 미코버는 '그 나라에 가면 뭔가 뾰족한 수가 생길 것'이라고 확신한다.

51장에서 디킨스는 엠리의 속죄를 다룬다. 엠리의 속죄는 그녀가 세파에 물들었음을 나타내는 마지막 상징인 외국어 지식을 떨어버림으로써만 가능하다. 리티머는 데이비드에게 엠리가 외국어를 아주 잘해서 명실공히 '귀부인'이 되었다고 말했다. 그러나 이제 페거티 씨는 엠리가 '그 나라 말을 완전히 잊었다'고 하면서 엠리와 함께 지내던 어떤 여자의 아이가 엠리를 '어부의 딸'이라고 부르자 그것을 알아듣고 눈물을 흘렸다고 말한다. 그제서야 엠리가 '병'을 다 고치고 집에 돌아올 수 있었다는 것이다.

이에 반해 52장은 데이비드에게 큰 걱정거리였을 도라의 병을 간단히 다루고 있다. 유리아 히프의 몰락과는 대조적으로 다른 두 등장인물인 미코버 씨와 트래들스는 인생의 절정에 달한다. 미코버 씨는 증거수집 노력을 통해 진지한 모습을 보여주고, 또한 유리아 히프가 거미줄처럼 짜놓은 사기음모에 갇혀 사느니 기꺼이 가난을 받아들이겠다는 의지를 보임으로써 고상한 성품을 드러낸다. 그는 편지를 작성하고 연설할 때 화려한 수사법을 동원함으로써 큰 성공을 거둔다. 트래들스도 두각을 나타낸다. 데이비드는 학창시절 친구의 진실한 성품과 능력을 진작 알아보지 못했음을 아쉬워한다.

Chapters 53, 54

  도라의 죽음

　　데이비드는 아내 도라가 한동안 앓다가 죽던 때를 회상한다. 사실 데이비드는 그녀가 아프지 않던 시절을 기억하지 못한다. 도라의 개 짚은 이제 아주 늙어서 자기 주인처럼 처량하게 쇠약해져 있다. 도라는 남편에게 애그니스에게 편지를 써서 집에 한 번 들르도록 청해 달라고 하고, 데이비드는 이 부탁을 들어준다. 어느 날 밤 애그니스가 찾아온 직후, 도라는 데이비드에게 결혼할 때 자기가 너무 어렸다면서 '서로 처녀총각으로만 사랑하다가 잊었더라면 좋았을 것'이라고 말한다. 그녀가 데이비드를 아래층으로 내려보내며 '이대로가 훨씬 좋아요'라며 작별인사를 한다.

　　데이비드는 난로 옆 의자에 앉아 있고, 짚은 그 옆의 마루바닥에 누워 있다. 데이비드는 도라가 한 말을 떠올리며 어쩌면 그녀의 말이 옳을지도 모른다는 생각을 떨칠 수 없다. 그 순간 짚이 다가와 2층으로 올라가겠다고 낑낑거린다. 데이비드가 개에게 "오늘 밤은 안 돼… 다시는 못 올라갈지 몰라"라고 말하자, 짚은 길게 드러누워 '구슬픈 소리를 내며 숨을 거둔다'. 바로 그 순간에 애그니스가 '동정심과… 슬픔이 가득 찬' 표정으로 위층에서 내려온다. 데이비드는 도라도 숨을 거두었음을 안다.

　　데이비드가 도라의 죽음으로 매우 상심하자 애그니스는 해외여행으로 마음의 평온을 되찾으라고 권한다. 애그니스가 여행준비를 모두 해주지만, 데이비드는 '히프를 철저하게 손봐주고', 이민자들이 떠날 때까지

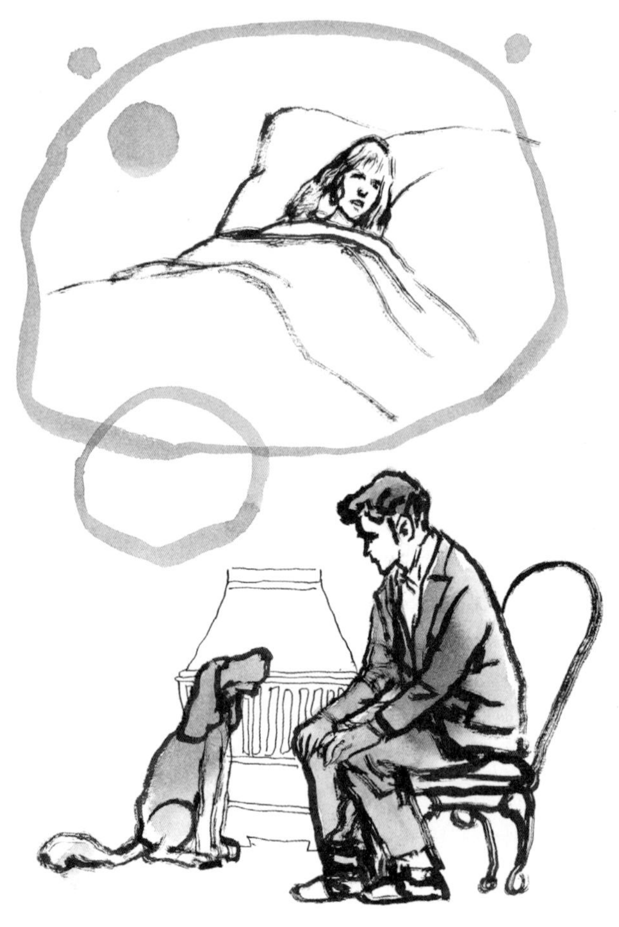

기다려야 한다고 생각한다.

　미코버 씨 가족의 이민 비용은 재산을 되찾은 왕고모가 대주기로 했다. 트래들스는 위크필드 회사의 장부를 조사해 보니 자금이 부족하지는 않아 왕고모의 돈도 그녀가 여러 해 전에 인출한 2,000파운드를 제외하면 되찾을 수 있겠더라고 말한다. 왕고모는 데이비드가 자기 도움 없이도 자립해 나갈 수 있을지 보고 싶어 그에게 이 비상금 얘기를 하지 않았던 것이라고 말한다. 왕고모는 또한 미코버 씨의 빚을 갚아주고, 미코버 씨는 호주에서 성공하면 돌려주기로 약속한다. 애그니스는 아버지 회사가 청산된 만큼, 이제는 학교를 열고 아버지를 돌보겠다고 결심한다. 트래들스는 유리아가 돈을 횡령한 것은 데이비드에 대한 증오심 때문이라는 것과 지금 유리아와 그의 어머니가 런던에 가 있다는 것을 밝히고, 그렇지만 '그자는 지금도 기회만 생기면 틀림없이 우리 중 누구에게라도 손해를 끼치려 들 것'이라고 말한다.

벳시 왕고모는 이 무렵 줄곧 무슨 일 때문인지 괴로워하고 있지만, 데이비드는 그 까닭을 알지 못한다. 마침내 왕고모가 아침에 마차를 타러 가자고 하면서 이유를 알려주겠다고 말한다. 두 사람이 어느 병원에 가보니 실종된 왕고모 남편의 시신을 실은 영구차가 기다리고 있다. 그가 며칠 전에 세상을 떠났던 것이다. 왕고모는 이렇게 적는다. "여보, 36년 전 오늘… 난 결혼했어요. 하나님 우리 모두를 용서하소서."

: 풀어보기

디킨스는 53장의 핵심을 이루는 도라의 과장된 임종장면 때문에 종종 비판을 받는다. 데이비드의 어머니나 바키스의 임종 때는 이 정도의 연민을 찾아볼 수 없다. 그러나 디킨스를 위해 한 가지 변명한다면 도라가 난생 처음으로 성숙하고 현실적인 모습을 보인다는 점이다. 두 사람의 결혼이 어리석었다는 도라의 판단은 정확하며, 죽음을 앞두고 애그니스를 불러들임으로써 데이비드의 속마음을 잘 이해하고 있다는 것을 보여준다.

54장에서 디킨스는 그동안 여러 가지로 벌려놓았던 사건들을 매듭짓기 시작한다. 히프는 망신을 당한 후 런던으로 가고, 미코버 씨 가족과 페거티 씨는 호주로 가게 되며, 왕고모는 재산을 되찾고 남편의 장례를 치른다. 이렇게 조연급 등장인물들을 정리하고 나면, 데이비드의 삶이 다시 독자들의 관심의 초점이 된다.

Chapters 55, 56

 스티어포스의 죽음

　데이비드가 햄의 부탁으로 엠리에게 편지를 보낸다. 엠리는 햄에게 보내는 회답에서 햄의 친절에 감사하며 작별을 고한다. 아직 이민선 출항 날짜가 며칠 남았으므로, 데이비드는 야머스로 가서 직접 햄에게 그 편지를 전하기로 한다. 야머스로 가는 도중에 거센 폭풍이 몰아치기 시작한다. 데이비드는 야머스의 낡은 여관에서 하룻밤을 묵는다. 밤중에 비바람이 더욱 거세진다. 그는 마을사람들과 함께 사나운 바다를 구경하다가 햄을 만나러 가지만, 햄은 누군가의 배를 수리하러 나가고 집에 없다. 데이비드는 여관에 돌아와 잠을 설치다가 난파당한 배 한 척이 해안에 있다는 고함 소리에 잠이 깬다. 현장에 달려가 보니 난파된 범선은 풍랑을 맞아 만신창이가 되고 있다. 돛대 하나가 부러져 선원들이 그 부분을 잘라내려고 애쓴다. 그때 큰 파도가 덮치면서 선원들이 연달아 바다에 빠져 죽고, 고수머리의 남자 한 명만 침몰하는 배 위에 생존해 있다. 그때 데이비드는 햄이 바닷가의 군중을 헤치며 달려가는 것을 보고 그가 난파선으로 헤엄쳐 갈 작정임을 직감한다. 데이비드는 그를 말리려고 하지만, 햄은 사람들에게 자기 몸을 로프로 묶게 하고 난파선을 향해 헤엄쳐 간다. 그러나 거대한 파도가 난파선을 산산조각 내서 햄은 배에 오르지도 못한다. 사람들이 로프를 끌어당겨 보니 햄은 죽어 있다. 햄의 시신은 가까운 집으로 옮겨지고, 데이비드가 그의 곁에 앉아 있을 때 한 어부가 와서 뭍에 떠밀려온 다른 시체를 봐달라고 말한다. 스티어포스의 시체였다. "나는 학창시절에 종종 보던 모습대로 그가 한 팔을 베고 누워 있는 것을 보았다."

　데이비드는 친구에 대한 감정이 조금도 변하지 않았음을 깨닫는다. 그동안 그는 스티어포스가 무슨 짓을 하든지 항상 사랑하고 존경해 왔던 것이다. 데이비드는 이제 스티어포스 부인에게 아들의 죽음을 알리고 시신을 보내 장례를 치르도록 하는 것이 자기 의무라고 생각한다. 스티어포스 부인은 아들이 죽었다는 데이비드의 말을 잘 알아듣지 못한다. 그러자 로자 다틀이 스티어포스 부인 때문에 이런 불행이 벌어졌다고 격렬하게 비난하면서 스티어포스를 사랑했노라고 밝힌다. 스티어포스 부인은 충격에 빠지고, 다틀 양은 울면서 그녀를 부드럽게 위로한다.

　55장에서 가장 있을 법하지 않은 우연한 사건이 벌어지지만, 폭풍의 묘사가 압권이어서 다른 모든 결함을 덮고도 남는다. 그리고 스티어포스의 등장이 생뚱맞다하더라도 독자들이 개의치 않는 것은 클라이맥스가 너무 멋지기 때문이다.

　디킨스는 56장에서 스티어포스와 그 주변 이야기를 모두 매듭짓는다. 스티어포스는 죽지만, 그것은 그의 방탕함이 불러온 직접적인 결과가 아니라 자연의 섭리가 개입하여 그가 저지른 해악에 벌을 내렸다는 인상을 준다. 로자 다틀은 어릴 적부터 줄곧 스티어포스를 남몰래 짝사랑해 왔으나 거절당해

한을 품은 여자였음이 밝혀진다. 몸이 불편한 스티어포스 부
인은 아들의 사망소식을 듣고 충격에 빠진다. 여기서도 부당
한 등장인물들에게 징벌을 가하는 디킨스 특유의 취향을 엿볼
수 있다.

Chapters 57, 58

새 출발

데이비드는 스티어포스의 비극적인 죽음이 페거티 씨와 엠리에게 전해지지 않도록 막기로 마음먹는다. 그가 미코버 씨에게 도움을 구하자, 그는 특유의 과장된 몸짓과 말투로 그 신문기사가 배의 출항 때까지는 그들에게 도달하지 못하도록 하겠다고 응한다. 데이비드는 그들이 호주에서의 새로운 삶을 위해 아무것도 모른 채 떠나기를 바란다.

데이비드와 왕고모, 애그니스, 클라라 페거티가 이민자들을 전송한다. 데이비드는 마사 엔델도 함께 호주에 가기로 했다는 말을 듣고 기뻐한다. 미코버 부인은 자기 아이들을 불러 모아놓고 절대로 남편을 버리지 않겠다고 약속한다. 배가 움직이기 시작하자 데이비드는 배 위에서 서로 팔짱을 끼고 서 있는 엠리와 페거티 씨에게 손을 흔들어 작별인사를 한다.

그 후 데이비드는 영국을 떠나 3년 동안 세계를 돌아다니며 여행한다. 아내를 잃은 슬픔은 갈수록 커져 여러 나라를 돌아다녀도 가시지 않는다.

데이비드는 스위스에서 지내는 동안 애그니스가 보낸 한 묶음의 편지를 받는다. 편지에서 애그니스는 슬픔을 '전화위복'의 힘으로 삼아야 한다고 말한다. 데이비드는 다시 소설 집필에 몰두하고, 대리인 역할을 하는 트래들스에게 원고를 보낸다. 데이비드는 더욱 유명해지고, 마침내 세 번째 소설을 쓰기 시작한다. 그의 정신이 맑아지고 건강도 회복된다. 그는 귀국하기로 결심한다.

57장은 지금까지의 슬픔과 연민으로부터 벗어나 편안한 위안을 그린다. 디킨스는 독자들에게 여러 가지 감정변화를 제시하면서 비극적인 상황에서도 삶은 계속된다는 것을 보여준다.

이민자들의 승선장면은 매우 인상적이다. 배의 승객들은 모두 미코버 일가나 페거티 일가처럼 새 출발을 모색하는 사람들이다. 억압받고 지치고 빼앗긴 사람들이 보여주는 이러한 낙관주의 덕분에 이 장은 행복한 분위기로 마무리되어 선은 반드시 승리한다는 디킨스의 확신을 전하게 된다.

58장에서 독자들은 데이비드가 아직도 애그니스를 특별하게 생각한다는 것을 알게 된다. 그는 애그니스를 사랑한다는 것을 깨닫지만, 그래도 남매 같은 관계 때문에 결혼은 불가능하리라고 생각한다. 데이비드는 이런 생각으로 괴로워하면서 귀국을 준비한다.

Chapters 59, 60

 데이비드의 귀국

데이비드는 어느 쌀쌀한 가을날 저녁에 런던으로 돌아와 크리스마스 때나 돌아올 것으로 예상하고 있는 친지들을 깜짝 놀래켜줄 생각을 한다. 그는 그레이즈 인 커피숍에서 웨이터에게 법조계에서 트래들스의 평판이 어떠냐고 묻지만 그의 이름조차 잘 모르는 것 같아 친구의 처지를 걱정하기 시작한다.

드디어 데이비드는 트래들스의 집을 찾아내고, 그가 오랫동안 쫓아 다니던 소피와 결혼했다는 것을 알게 된다. 소피의 다섯 자매도 그의 집에서 함께 살며 모두들 행복해 보인다. 데이비드는 트래들스가 변호사로 성공하리라고 굳게 믿는다.

데이비드가 커피숍으로 돌아와 보니 자기 집 주치의였던 칠립 씨가 구석에 앉아 있다. 처음에 칠립 씨는 그를 알아보지 못한다. 그러나 데이비드가 자기소개를 다시 하고 난 후 두 사람은 머드스톤 씨—지금은 칠립 씨의 이웃—가 두 번째 아내를 '우울증으로 거의 미치게' 만들었다는 이야기를 나눈다. 데이비드가 벳시 왕고모 이야기를 꺼내자 칠립 씨는 '어디를 가든 안전한 곳이 없다는 듯이' 서둘러 잠을 자러 가버린다.(그는 데이비드의 말에서 '여장부'를 떠올린 것이 분명해 보인다.)

데이비드가 벳시 왕고모 집에 도착하자 왕고모와 딕 씨, 새로 가정부가 된 페거티가 '두 팔을 벌려' 환영한다. 마음 맞는 사람들이 다시 모인 것이다.

데이비드와 왕고모는 주로 애그니스에 관해 밤늦도록 이야기를 나눈다. 데이비드가 혹시 애그니스에게 구혼자가 있었느냐고 묻자 벳시 왕고모는 그녀가 마음만 먹었으면 스무 번은 결혼했겠지만, 아마도 따로 점찍어 놓은 애인이 있는 모양이더라고 말한다. 왕고모는 그러나 그건 짐작일 뿐이라면서 더 이상 말하려 하지 않는다.

아침에 데이비드는 말을 타고 애그니스를 만나러 캔터베리로 간다. 그녀의 집에서 데이비드와 애그니스는 기쁨에 넘친 재회를 한다. 데이비드는 애그니스에 대한 깊은 사랑을 감히 토로하지 못하고, 애그니스는 자기가 운영하는 학교, 그리고 아버지와 함께 지내는 조용한 생활에 관해 이야기한다. 데이비드가 '점찍어 둔 애인'에 대해 묻지만 대답을 피하자 그 화제를 접는다. 위크필드 씨가 결혼생활과 지난날에 저지른 과오를 이야기한다. 또한 그는 애그니스를 칭찬하면서 사랑스럽고도 고상한 딸을 비탄에 잠겨 있던 그녀의 어머니와 비교한다. 나중에 데이비드는 애그니스에게 그동안 도와줘서 고맙다고 말한다.

그날 밤 데이비드가 말을 타고 집으로 돌아올 때 모든 추억들도 함께 돌아온다. 그는 애그니스가 불행할까봐 걱정하고… 자기도 불행하다는 것을 마음속으로 느낀다.

59장에서 데이비드에게는 별다른 사건이 일어나지 않고, 다른 여러 사건들이 신속하게 매듭지어진다. 애그니스는

아마도 소설 전체를 통해 변치 않고 남아 있는 유일한 인물이
다. 그것은 분별력, 동정심, 어머니 같은 애정이 조화된 그녀
의 성품이 영속성을 갖고 있어 물리적인 존재를 초월하기 때
문이다.

Chapters 61, 62

 데이비드, 애그니스와 결혼하다

데이비드는 저술과 관련해 많은 우편물을 받기 때문에 런던에서 오는 서신을 트래들스가 맡아서 관리한다. 어느 날 데이비드와 트래들스는 세일럼 하우스 학교의 소유주였던 크리클 씨가 보낸 편지를 놓고 이야기를 나눈다. 그는 현재 모범 교도소를 운영하는 행정관이고, 두 젊은이는 그를 한 번 찾아가보기로 한다. 크리클 씨는 트래들스와 데이비드를 안내하면서 모든 죄수들이 '건전한 정신상태를 회복해 진정한 참회에 도달할 수 있도록' 하기 위해 각기 격리되어 있다고 설명한다. 크리클 씨는 특히 두 모범수 '27번'과 '28번'을 아주 자랑스러워한다. 그 두 사람이 유리아 히프와 리티머라는 사실을 알고 데이비드는 크게 놀란다. 사기, 문서위조 및 공모의 죄목으로 투옥된 유리아는 데이비드를 보더니 짐짓 성자인 체하며 데이비드가 자행한 '폭력'을 '용서하겠으니' 앞으로 버릇을 고치라고 훈계한다. 리티머는 주인의 물건을 훔친 죄로 투옥되었는데, 데이비드는 그가 난쟁이 미용사 모처 양만 아니었더라면 붙잡히지 않았을 것이라는 말을 듣는다.

데이비드는 애그니스를 자주 찾아가 함께 지내면서 자기가 그녀를 몹시 사랑하며, 그녀야말로 완벽한 여자라는 생각을 굳힌다.

크리스마스 직후의 어느 날 벳시 왕고모는 데이비드에게 애그니스가 결혼할 예정이라고 알려준다. 이 말을 듣고 마음을 굳게 먹은 데이비드는 애그니스를 만나 '단호하게' 장벽을 깨부술 작정으로 말을 타고 달려간다. 애그니스는 '특히 애정을 느끼는 애인'에 관해 말하기를 몹시 꺼리면서 울기 시작한다. 데이비드가 머뭇머뭇 속마음을 고백하자 애그니스는 평생 데이비드만을 사랑해 왔다고 말한다. 보름 후에 두 사람은 결혼한다.

결혼식은 아주 간소하게 치러지고, 하객은 트래들스와 소피 부부, 스트롱 박사 부부뿐이다. 식을 마친 후 애그니스는 도라가 죽던 날 밤에 '이 빈자리를 메울 사람'은 애그니스밖에 없다는 말을 했노라고 데이비드에게 털어놓는다.

61장은 데이비드의 연애 이야기에서 잠시 벗어난 일종의 간주 부분이다. 디킨스는 이 기회를 이용해 교도소 개혁문제에 대한 견해를 밝힌다. 디킨스는 지나친 엄벌을 신봉하지는 않았지만, 재소자에 대한 '부드러운' 처우도 좋게 보지 않았다. 독자들도 주목하듯이, 데이비드는 '모범' 교도소에 대해 매우 냉소적이다.

오랜 기다림 끝에, 애그니스와 데이비드 사이의 술래잡기식 연애 이야기는 62장에서 드디어 결실을 맺는다. 데이비드는 진정으로 사랑하는 사람이 누구인지 마침내 깨닫는다. 독자들이 그동안 줄곧 바라던 바를 주인공은 이제서야 깨달은 것이다.

Chapters 63, 64

 모두가 제자리를 찾고

데이비드와 애그니스가 결혼한 지 10년이 지난 어느 날 밤, 한 노인이 그들을 방문한다. 페거티 씨가 잠시 영국을 방문하기 위해 돌아온 것이다. 그가 데이비드에게 이민 간 사람들은 호주에서 가축을 키우며 잘 지낸다고 말한다. 엠리는 결혼할 기회가 많았지만 모두 뿌리치고 삼촌과 함께 만족스럽게 지내고 있다. 마사 엔델은 결혼했으며, 거미지 부인도 결혼할 수 있었지만 구혼자의 머리를 양동이로 때려 단호하게 물리쳤다고 한다. 미코버 씨는 저명한 지방 판사가 되었다. 데이비드가 신문에 보도된 그를 위한 만찬기사를 읽어보니 만찬의 사회자가 바로 학창시절 데이비드의 스승이었던 멜 박사였다.

페거티 씨는 데이비드의 집에 한 달 가량 머무르다가 떠나기에 앞서 햄의 무덤을 찾는다. 그는 데이비드에게 소박한 비문을 적어달라고 부탁하고 나서, 그 사이에 '엠리를 위해' 무덤에서 풀 한 무더기와 약간의 흙을 긁어모은다.

데이비드는 지난 생애를 되돌아보면서, 마치 연극이 끝난 후 출연배우들을 다시 무대에 불러내듯이 독자들에게 소설의 등장인물들을 차례로 소개한다. 벳시 왕고모는 나이가 더 들었지만 여전하고, 페거티의 시중을 받고 있다. 딕 씨는 아직도 집필에 몰두하면서 연을 날린다. 스티어포스 부인은 로자 다틀과 함께 살면서 아들의 죽음을 슬퍼한다. 도라의 옛 친구 줄리아 밀즈는 부유한 스코틀랜드 사람과 결혼해 불행하게 살고 있다. 트래들스는 판사가 되었고, 소피가 낳은 두 아들은 최고 명문학교에 다니면서 두각을 나타내고 있다. 스트롱 박사는 사전을 집필하느라('D'쯤 쓰고 있다.) 여념이 없으며, 잭 맬던은 세상을 비웃으면서 스트롱 박사를 '재미있는 골동품' 정도로 생각한다. 이제 정의는 모두 이루어졌다.

가장 행복한 사람은 데이비드 자신이다. 애그니스에 대한 사랑은 흠잡을 데가 없다. 그는 "오늘의 내가 있게 한 그 사랑스러운 존재가 나를 반려해 주고 있다"고 말한다. 그의 유일한 소망은 아내와 해로하다가 자기가 삶을 마감할 때 그녀가 곁에 있어주는 것이다. "위를 가리키며!"

: 풀어보기

마지막 두 장은 종종 현대 용어로 작가의 점강적인 '마무리 수법'이라고 불리는 형식을 취하고 있다. 디킨스가 등장인물들을 모두 처리하는 과정에서, 독자들은 그가 여전히 선의 우월성과 악에 대한 선의 궁극적 승리를 확신하고 있음을 확인하게 된다. 디킨스는 자신의 모든 소설에 이런 신념을 불어넣고 있다.

一以貫之
논술노트

- 빅토리아 시대의 인간 군상들
- 실전 연습문제

一以貫之는 '논어'에 나오는 말로 '모든 것을 하나의 이치로 꿰다'는 뜻입니다.

논술의 주제와 문제 유형, 제시문들은 참으로 다양하고 가지각색입니다. 그러나 그 모든 것을 하나로 꿸 수 있습니다. '인간사회의 보편적 문제들에 대한 근원적인 물음에 답하는 자기 나름의 견해'라는 것이지요. 논술은 인간이면 누구나 부닥치는 개인적 또는 사회적 문제들에 대한 자기 나름의 고민이자 성찰입니다. 논술은 자기견해, 자기 가치관, 자기 삶에 대한 솔직한 고백입니다.

一以貫之 논술연구모임은 '자신의 물음'과 '자신의 생각'을 갖고 '자신의 글'을 쓸 수 있도록 도와줍니다.

〈집필진〉
우효기, 우한기, 이호곤, 박규현, 김법성, 김재년, 김병학, 도승활, 백일, 조형진

빅토리아 시대의 인간 군상들

영국 빅토리아 시대의 가장 위대한 작가로 추앙받는 찰스 디킨스. 그는 자전적 소설 〈데이비드 코퍼필드〉를 통해 당시 영국의 다양한 사람들의 삶의 모습을 그려내고 있다. 이들의 모습은 그 시대의 인간 군상들의 모습이면서 어떤 면에서는 우리 모습이기도 하다. 이 작품은 자전적 소설이라는 평가가 있듯이 디킨스의 분신인 데이비드 코퍼필드가 살아온 일대기를 다룬다. 소설의 세세한 부분은 실제 디킨스의 삶과 차이가 있지만, 불우했던 유년시절, 자수성가 과정, 연인과의 사랑과 이별 등, 글의 주요 대목에서 그의 삶을 추측할 수 있게 한다. 그가 이 소설 속에서 담아내고 있는 수많은 사람들의 모습에서 몇몇 대목을 뽑아 오늘 우리의 모습을 되돌아보기로 하자.

진정과 위선의 전형: 페거티와 왕고모, 머드스톤 남매

소설 속 주인공 데이비드 코퍼필드는 유복자로 세상에 나온다. 즉 그의 삶은 처음부터 불행을 예고하고 있다. 젊은 어머니는 세상일에 아주 미숙한 어린 여성으로 묘사된다. 다른 남자에게 또다시 의지해야만 살 수 있을 것 같은 미망인의 이미지. 아니나 다를까 새롭게 나타난 남자, 머드스톤이 새 남편이 된다. 그가 곧 데이비드 코퍼필드의 의붓아버지인 셈이다. 머드스톤, murder와 stone이 결합되었으니 '죽이는 돌'인가?

어째 이름부터 살벌하지 않은가? 역시 그와 그의 누나는 곧 본색을 드러내며, 데이비드 집안의 주도권을 장악한다. 이제 데이비드의 불행한 유년시절이 본격적으로 시작되는 것이다. 머드스톤은 어머니와 결혼하기 전에 보였던 달콤함이 어디론가 사라지고 이제 차가운 본래의 모습이 드러나게 된다.

"얘야, 우리 안녕, 하고 인사하자." 그 신사는 어머니의 조그마한 장갑에다 키스를 하면서 말했다.

"안녕!" 내가 말했다.

"자아! 우리 이 세상에서 가장 친한 친구가 되자!" 그 신사는 웃으면서 말했다. "그런 뜻으로 악수하자!"

내 오른손이 어머니의 왼손에 쥐여 있어서 나는 왼손을 내밀었다.

"손이 틀렸잖아, 데이비!" 하며 신사는 웃었다.

"데이비드, 만약 나에게 다루기 힘든 사나운 개나 말이 있다면, 내가 어떻게 하리라고 생각해?"라고 그는 입술을 깨물면서 물었다.

"모르겠어요."

"때리는 거야."

나는 그때 숨을 죽이고 속삭이듯 대답했지만 숨이 가빠짐을 느꼈다.

"나는 그 놈을 꼼짝 못하게 혼을 내주겠어. '저놈을 굴복시키겠다.'고 마음만 먹으면 그 놈의 피를 다 말려서라도 나는 하고야 말아."

이렇게 자신의 목적을 달성하고 난 후 표변한 머드스톤의 모습에서 우리는 위선적인 인간의 한 전형을 발견하게 된다. 결혼하기 전 세상에서 가장 친한 친구가 되자던 그에게 데이비드는 이제 사나운 짐승 같은 존재가 되어버린 것이다. 그는 이후 어린 데이비드를 집에서 쫓아내 혹독한 기숙학교로 보내기도 하고, 아내가 죽은 후엔 공장에서 막일을 시킨다. 공장 노동은 데이비드가 당한 가장 힘든 시절이면서, 작가 디킨스 자신이 평생 잊지 못한 수치스런 경험이기도 하다.

머드스톤 남매와는 대조적으로 데이비드의 왕고모 벳시트롯우드의 모습이 그려진다. 그녀는 결혼에 실패한 여성으로 남성에게 강한 혐오감을 가진 인물로 등장한다. 그래서 데이비드의 어머니가 귀여운 여자아이를 출산하길 기대했고, 그 기대가 어긋났을 때 집을 떠나버렸다. 이렇게 그녀는 고압적이고 냉랭한 여인으로 등장하지만, 어린 데이비드가 산전수전 다 겪으며 공장에서 도망쳐 나와 마지막 도움을 청하자 기꺼이 보호자가 되어준다. 그리고 머드스톤 남매와 담판을 짓는다. 차가움과 차가움의 대결이지만, 그 차가움의 성격이 다르다. 시종일관 아이의 성격 결함을 탓하며 자신들의 행위를 변명하던 머드스톤 남매의 위선도 이성적이면서 위엄 있는 자세로 아이를 감싸 안는 왕고모의 면전에서는 통하지 않았다.

공장에서 탈출해 기진맥진해 있는 데이비드 코퍼필드에게 지금 당장 필요한 건 누가 잘했고 잘못했는지를 따지는 게 아니다. 가장 상식적인 딕 씨의 말대로 '당장 목욕을 시키고, 옷을 한 벌 해 입히는 것'이 옳다. 약간 정신이 이상한 인물로 나오는 딕 씨가 가장 위엄 있고 까다로운 여성의 대명사로 보이는 왕고모와 함께 살 수 있다는 것이 이 소설의 묘미다. 그건 아무래도 왕고모가 좋아하는 성격이 바로 딕 씨와 같이 순수하고 상식적인 인간이기 때문일 것이다. 순수함과 통하는 차가움과 위선과 통하는 차가움은 서로 다른 성격을 띤다. 전자가 나와 타인을 동시에 고려한다면, 후자는 오로지 자신의 이익만을 위해 타인을 이용한다. 그러나 후자의 차가움은 도덕적 정당성을 결여하고 있기 때문에 전자와 같이 사리가 분명한 논리 앞에 당당할 수 없다. 결국 머드스톤 남매는 치부를 드러낸 채 꼼짝없이 달아나게 된다. 그러나 이들은 자신들의 행위에 대한 반성 없이 이후 같은 행위를 계속해서 반복하여 또 다른 희생자를 낳는다. 어떤 목적을 위해서라면 언제라도 사랑을 가장할 수 있는 이들의 모습은 위선적 행위의 극단적인 표본이라고 할 수 있다.

데이비드 코퍼필드에게 왕고모와의 만남은 새로운 세상을 의미한다. 그에게는 새로운 학교, 새로운 친구, 새로운 선생님 등, 보다 질 높은 환경이 제공된다. 왕고모 벳시의 정성은 대단하다. 겉으론 엄격한 듯하면서도 속으론 따뜻한 마음의 소유자인 왕고모의 보살핌을 듬뿍 받으며 데이비드는 훨씬 나은 인간으로 성숙해 간다. 그러나 여기서 우리는 또 다른 인물, 페거티를 떠올리지 않을 수 없다. 데이비드 코퍼필드의 어린 시절 보모인 페거티는 그의 일생에 생사고락을 함께 한 삶의 동반자라고 할 수 있다. 그녀는 데이비드의 철없는 어머니를 대신해서 살림을 도맡아 해주었고, 가장 친한 말동무였으며, 데이비드가 힘들 때 언제나 편지를 나누며 도움을 주던 친구이기도 하다. 그녀의 모습은 머드스톤 남매나 벳시 여사가 가진 차가움과는 전혀 거리가 멀다. 언제나 타인에게 열려 있는 순수한 인간의 전형이다. 아마도 우리는 페거티 같은 사람에게 가장 친숙함을 느끼며 접근할 수 있을 것이다. 낮은 신분이어서 언제나 허드렛일만 하고 가난한 삶이 계속 이어질 수밖에 없었지만 마음만은 어느 누구보다도 풍성한 인물이 아닐까 싶다.

이어서 페거티는 열쇠 구멍에 입을 대고, 떨리는 음성으로 말했다. "귀여운 데이비 도련님, 요즈음 제가 전처럼 도련님에게 친절하지 않은 것은 도련님을 사랑하지 않기 때문에 그런 것은 아니에요. 오히려 전보다 더 도련님을 사랑하고 있어요. 그런데, 친절하지 않는 것처럼 대하는 것이 도련님에게 이로울 것 같아서 그렇게 대하는 거지요. 그리고 그 외에도, 또 한 분을 위해서도 좋을 것 같아서요. 데이비 도련님, 내 말 들려요?"

"으, 으응, 듣고 있어, 페거티!" 나는 흐느꼈다.

어린 데이비드 코퍼필드가 다락방에 갇힌 신세가 되었을 때 가만히 다가와 위로해 주는 페거티의 모습이 눈에 선하다. 머드스톤 남매가 극단적으로 데이비드를 미워하며, 어머니 역시 어쩔 도리 없이 그들 남매를 따르는 수밖에 없는 상황에서 그에게 따뜻한 말 한 마디는 무척 소중할 것이다. 진정 타인을 위하는 사람은 상황에 따라 달리 그 사람에게 다가갈 줄 알아야 한다. 겉으로 드러난 행동이 아닌 마음속으로 위할 줄 알고, 꼭 필요할 때 다가가 위로해 줄 수 있는 사람이 진정 남을 위하는 사람이다. 이런 그녀의 행동은 소설의 중반 이후까지 계속 이어진다.

극과 극의 교육자상: 크리클 씨와 스트롱 박사

'그를 조심해요. 물어뜯습니다'라는 게시문. 이는 사나운 개를 조심하라는 문구가 아니다. 데이비드의 의붓아버지 머드스톤 씨가 데이비드를 세일럼 학교에 보내고서 그곳 학교에다 아이의 등에 달아주라고 만든 게시문이다. 사나운 개처럼 다루겠다는 그의 다짐이 통하는 세일럼 학교. 앞으로의 학교생활이 알 만하지 않은가. 소설은 세일럼 학교의 교장 크리클 씨를 다음과 같이 묘사하고 있다.

크리클 씨의 얼굴은 사나워 보였고, 두 눈은 작고 움푹 들어가 있었다. 이마에는 굵은 힘줄이 드러나 있었으며 조그마한 코에 턱은

유난히 컸다. 정수리는 대머리였다. 크리클 씨에 대해 내가 가장 인상적이었던 것은, 이야기할 때 소리를 내지 않고 속삭이듯 말하는 것이었다. 말할 때 힘이 들어서인지, 혹은 자기도 그렇게 가냘프게 이야기한다는 것을 인식해서인지는 몰라도, 그가 이야기할 때면 노한 얼굴은 더욱 노한 것 같이 보였고, 두드러진 힘줄은 더욱 두드러져 보였다.

그는 그런 인상처럼 사나운 사람이었다. 아이들의 평가를 종합해 보면 '그는 선생들 가운데서 가장 엄하고 잔인해서, 매일 기마 경관처럼 학생들 사이에 불쑥 나타나서 닥치는 대로 무자비하게 때린다. 그는 사람을 때리는 기술 외에는 아는 것이 없어서 학교의 최하급생보다도 무식한 인간이다. 옛날 그곳 지역에서 장사를 했다가 파산하여 이 학교 사업을 시작한 것이다.' 한 마디로 교육과는 거리가 먼 인간, 교육자가 되어서는 안 될 인간인 것이다.

오늘날 우리의 교육 현실은 어떠한가. 소설의 크리클 씨처럼 교육을 사업적 차원에서 시작한 이들이 꽤 되지 않은가. 이처럼 아무런 교육철학 없이 학교를 세우고 학교를 영리 목적으로 이용해 돈을 벌어들이는 이들은 교육현실을 위태롭게 한다. 학생을 숫자와 돈놀음의 대상으로 여기는 이들이 지향하는 교육사업의 목표는 온전한 인격체를 양성하는 제대로 된 교육목표와는 거리가 멀기 때문이다. 돈 많은 집 자식 스티어포스 앞에서는 꼼짝을 못하고 가난한 선생을 오히려 해고시키는 크리클 교장의 모습은 이를 상징적으로 보여준다. 이러한 교육 환경 속에서 데이비드 코퍼필드는 그야말로 숨막히는 하루하루를 보낸다. 그러나 이것도 잠시 어머니의 죽음으로 이러한 학교생활도 곧 중단되고 만다. 그러나 이는 어쩌면 다음에 다니게 될 제대로 된 학교생활을 위해선 오히려 다행스런 일일지 모르겠다. 인생은 정말 새옹지마다. 왕고모가 데려다준 스트롱 박사의 학교는 크리클 씨의 학교와는 비교가 되지 않는다. 그야말로 정반대로 생각하면 된다.

아주 엄격하고 단정하게 정돈된 학교였다. 모든 것을 학생들의 명예와 성의에 호소했으며, 학생들이 그러한 자질을 가지고 있지 않다는 사실이 명백히 드러나지 않을 것 같으면, 학생들이 처음부터 그러한 자질을 갖추고 있다는 것을 인정하려는 정신 하에서 학교를 운영했기 때문에, 놀라울 정도로 성과를 거두었다. 학생들 모두가 학교를 운영해 나가는 데 일익을 담당하고 있다는 생각을 가졌으며, 학교의 특성과 위엄을 유지시키는 데도 한몫을 담당하고 있다고 느꼈다.

학생을 통제의 대상으로 생각하고 매로 다스리려 하는 세일럼 학교와 학생을 신뢰해 학생이 자율적으로 학업과 생활을 이끌어가게 도와주는 스트롱 박사의 학교. 우리가 지향하는 학교는 당연히 후자다. 이는 교장의 교육철학의 차이와 통한다. 스토롱 박사는 어떤 영리를 위해서 학교를 세운 것이 아니고,

그 자신의 학문과 사전편찬 작업에 몰두하는 학자다. 즉 교육 그 자체가 목적인 교육자, 그래서 학생의 인격형성을 위해 모든 것을 바칠 수 있는 참된 교육자다. 이런 학교에서 학생들은 학교에 애착을 가지며, 그 속에서 참다운 자유를 누릴 수 있게 된다. 데이비드 코퍼필드가 인격적으로 더욱 성숙하게 된 것 역시 이러한 학교 속에서 생활할 수 있었기 때문일 것이다.

부모의 자식 사랑법: 스티어포스 부인과 페거티 씨

세일럼 학교에서 만난 스티어포스는 모든 면에서 데이비드 코퍼필드의 우상이었다. 어린 데이비드에게 스티어포스는 외모는 물론 행동거지 하나하나가 모두 따라하고픈 멋진 학생이었던 것이다. 스티어포스는 그 포악하고 사나운 크리클 씨의 학교 속에서 유일하게 여유롭고 마음 편하게 생활할 수 있던 학생이었다. 그것은 그의 뒷배경이 그만큼 든든했음을 의미한다. 그의 어머니 스티어포스 부인은 막강한 부와 영향력을 갖고 있었고, 교육을 사업의 차원으로 여겼던 크리클 씨에게 그처럼 부유한 집안 자식인 스티어포스는 한 명의 고귀한 손님일 수밖에 없었던 것이다. 특별대우를 받는 학생 스티어포스에겐 학교 선생님도 그리 대단한 존재가 아니었다.

데이비드 코퍼필드는 이후 스트롱 박사의 학교를 졸업한 후 다시 스티어포스를 만난다. 그리고 그를 오랜 친구 페거티 씨 가족들에게 소개하는데, 이게 큰 실수라고 할 수 있다. 이미 햄과 결혼하기로 약속한 엠리를 본 스티어포스가 그녀를 유혹해 함께 도망가는 사건이 발생하기 때문이다. 어촌에서 순박하게 살고 있던 시골 사람들에게는 청천벽력 같은 사건이다. 낙담한 햄을 위해 페거티 씨는 엠리를 찾으러 스티어포스 부인을 만나러 간다. 그러나 스티어포스 부인은 페거티 씨의 말을 한 마디로 무시해 버린다.

"나와 내 아들 사이에 이러한 수렁을 파놓은 데 대해서 내게 어떤 보상을 할 수 있단 말인가요? 당신의 사랑 따위가 내 사랑에 비교나 될 줄 아십니까? 당신이 그 애와 헤어진다는 것이, 내가 우리 아이와 헤어지는 것에 비교나 되겠습니까?"

그녀에겐 페거티 씨 같은 하류층들의 삶 같은 건 안중에도 없다. 오직 자기 자식만이 귀할 뿐이다. 자기 자식이 남의 집 딸을 데리고 달아났는데도 말이다. 그토록 공을 들여 멋지고 귀하게 키워왔는데 한 순간에 시골 여자애한테 유혹당해 모든 노력이 물거품이 되어버렸다는 투다. 그녀가 자식에게 바치는 사랑에 비하면 하류층들의 사랑은 하찮은 것이다. 그녀의 눈에는 하류층들은 '모두 타락하고, 보잘것없는 일당들'에 불과했기 때문이다.

이와 같은 그녀의 지나친 사랑이 그러한 결과를 낳았다고 볼 수 있다. 스티어포스는 페거티 씨 가족들을 만난 이후 "나에게 현명한 아버지가 계셨더라면 참 좋았을 텐데!"라고 말한다. 이는 곧 무조건 자식을 감싸고 모든 사람 위에 우월한 존재로 만들어주는 것이 좋은 교육은 아님을 말해 준다. 자기 주위의 사람들을 배려하며 이웃과 함께 살아가는 삶이 얼마나 소중한지 깨닫게 해주는 부모의 가르침이 중요한 것이다. 자식을 위해 모든 것을 헌신한 어머니의 교육은 결국 아들의 자만심을 낳아 한 화목한 가정마저 파괴시키는 결과를 초래하게 된다.

"부인! 부인께선 아드님을 사랑한다는 것이 무엇인지를 잘 알고 계십니다. 그 애가 지금의 백 배쯤 더 귀한 자식이라 할지라도 지금 이상으로 그 애를 더 사랑할 수는 없는 것입니다. 자식을 잃는다는 것이 어떤 심정일지를 부인께선 모르십니다. 이 세상의 온갖 재물도 그 애를 사서 다시 되찾아오기 위해서라면, 전 그런 재물을 기꺼이 바치겠다고 생각합니다! 그러나 이 불명예스러운 일에서 그 애를 구해 주신다면, 저희들은 결코 그 애를 욕되게 하지는 않겠습니다. 그 애와 함께 자라온 우리들 중의 어느 한 사람도, 오랜 세월을 그 애와 함께 살아왔고, 그래서 그 애를 더 없이 사랑하는 우리들 중의 그 누구도, 그 애의 아름다운 얼굴을 두 번 다시 보지는 않을 것입니다. 저희들은 만족하고 그 애를 멋대로 살도록 내버려두겠습니다. 그 애가 어떤 다른 태양과 하늘 아래 살기라도 하는 것처럼, 멀리 떨어져 살고 있는 것으로 생각하겠습니다. 저희들 모두가 하나님 앞에서는 그 본질에서는 아무런 차이가 없는 그런 때가 오기를 기다리겠습니다!”

　엠리를 데려올 수 없더라도 스티어포스가 그녀를 행복하게 만들어주겠다는 약속을 지키기를 원했던 페거티 씨의 바람이 잘 드러난 말이다. 자식에 대한 부모의 사랑이나 그 자식을 잃었을 때의 부모의 심정이나 모두 매한가지일 것이다. 자식이 행복하게 잘 살 수만 있다면 비록 부모가 원하지 않더라도 자식의 선택을 존중하고자 하는 것이 현명한 부모의 바람이다. 그러나 이러한 순수한 바람마저 계급이라는 벽에 막혀 있는 현실이 답답하게 느껴진다. 당시 19세기 영국 사회의 신분 질서 속에서 얼마나 많은 개인들이 희생을 당했겠는지 짐작할 수 있는 대목이다.

멋진 남자의 조건: 스티어포스와 트래들스, 그리고 햄

　스티어포스는 겉보기에 아주 세련된 도시풍의 남성이다. 어린 데이비드 코퍼필드를 비롯해 주위의 많은 사람들이 그에게 쉽게 반하는 것이 어쩌면 이해될 법도 하다. 그러나 스티어포스를 빛나게 해주는 조건은 사실 모두 외적인 것에서 비롯된다. 즉 집안 배경이나 재산 같은 물질적 외적 조건에서 그의 당당함이 비롯되는 것이다. 따라서 그만큼 그의 당당함은 진실성이 없고, 허약하다.

그에 반해 세일럼 학교의 또 다른 동급생 트래들스는 어떤가? 그는 학창시절 항상 크리클 씨의 동네북 신세로서 매일 회초리를 맞는 가장 불쌍한 학생이면서도 항상 가장 쾌활한 학생이었다. 그랬던 그가 이후 법률회사에서 소신껏 일해 아름다운 여인과 결혼하고, 미래를 가꿔나가는 모습은 정말 보기에 좋다. 그는 두드러진 집안 배경도 없고, 뛰어난 두뇌의 소유자도 아니지만, 언제나 성실하고 타인을 배려할 줄 아는 친구였다.

스티어포스와 트래들스 중에 누가 진짜 멋진 사람인가? 겉보기에 트래들스는 스티어포스에 비할 바가 못 될지 모른다. 그러나 비록 소박하지만 자기 삶을 만들어나갈 줄 알고 매사에 겸손하며 감사할 줄 아는 트래들스야말로 겉멋만 들고 남의 위에 군림하길 좋아하는 스티어포스보다 훨씬 인간미 넘치는 사람이라고 할 수 있다. 그러나 사람들은 이러한 두 유형의 사람들을 곧잘 잘못 평가하곤 한다.

트래들스는 정말 착했다. 그는 학생들이 서로서로 돕는 것을 신성한 의무라고 생각했다. 그는 이런 생각 때문에 몇 차례 화를 입은 적이 있었다. 한 번은 예배중에 스티어포스가 웃었는데, 교구 직원은 트래들스가 웃었다고 생각하고는 그를 끄집어냈다. 다음날 그는 그것 때문에 처벌을 받았지만, 웃음의 장본인을 절대로 말하지 않았다. 그는 여러 시간 감금되었다. 그러나 그는 그것에 대한 보상은 받은 셈이다. 스티어포스는 트래들스야말로 비겁한 데가 전혀 없는 아이라고 칭찬했다. 그래서 우리들은 이것이야말로 최고의 찬사라고 생각했다.

이렇게 트래들스의 의리 있는 행위보다도 스티어포스의 가벼운 칭찬 한 마디가 더 중시되는 풍경은 현실을 좌우하는 힘이 어디에 있는지를 잘 보여준다. 학교의 권력을 쥐고 있는 것은 교장 크리클 씨가 아니라 스티어포스라는 한 학생이었다. 권력에 대한 기울음, 이로 인한 자기 안위를 어린 학생들은 깨우치고 있었던 셈이다. 그러나 진짜 멋진 남자, 트래들스는 온갖 수모를 겪으면서도 항상 쾌활할 수 있었다. 그 힘은 뭘까? 그것은 아마도 그가 의무라고까지 생각한 삶의 철학, 그리고 이를 지켜낸 자신에 대한 신뢰에서 비롯되는 자신감일 것이다.
이에 반해 스티어포스는 자기 중심으로 세상을 바라본다. 특히 하층민에 대한 시각은 아주 노골적이다. 그에게 하층민들은 한갓 '별난 사람들'이며, 그들에 비하면 그 자신은 '그들보다 스무 배나 부유하고 똑똑한' 인간으로 생각한다.

"그 사람들이, 짐승 같은 인간인가, 촌뜨기인가, 별종의 인간이란 말인지 알고 싶어요."
"하긴, 그들과 우리 사이에는 굉장한 거리가 있지요." 스티어포스가 냉담하게 대답했다. "그들은 우리같이 민감하지 않을 거야. 그들은 아마 굉장히 착할 거야. 그러나 성격이 그렇게 고상하진 못해요. 그들은 성격이 자기들의 거친 피부처럼 쉽사리 상처받지 않는 것을 감사하게 생각해야지.”

“그래요!” 다틀 양이 말했다.

스티어포스와 다틀 양의 대화에서 빅토리아 시대의 부자들이 지닌 냉혹과 거만한 시각을 발견하게 된다. 여기서 우리는 디킨스의 또 다른 작품 〈막대한 유산〉에서와 마찬가지로 빅토리아 시대 영국 사회에서 상류 계층들이 갖고 있는 일정한 재산과 사회적 신분에 따른 타계급에 대한 배타성을 읽을 수 있다. 그러나 이를 지켜보고 있는 데이비드 코퍼필드 역시 같은 계급적 한계를 드러내고 있다. 그는 스티어포스의 주위에서 언제나 그의 행동을 옹호하는 입장이며, 때로는 다소 못마땅하더라도 곧 그의 말을 옳다고 수정해 버리곤 한다.

그러나 스티어포스가 그렇게도 무시하던 얼뜨기 햄은 폭풍우가 몰아치던 어느 날 스티어포스를 구하려다 폭풍우에 휘말려 함께 목숨을 잃고 만다. 사랑하는 여인 엠리를 유혹해 자기 삶을 송두리째 파괴한 사람을 구하기 위해 자신의 목숨을 기꺼이 던진 햄의 고귀한 희생은 그 무엇보다 고귀하다. 엠리를 향해 사랑을 고백하기도 쑥스러워하던 순박한 사람 햄, 그러나 폭풍우의 위험 속에서 그 누구도 감히 뛰어들지 못한 바다를 향해 자신을 던질 줄 아는 용감한 남자였던 것이다. 배우지 못한 햄이 똑똑하고 지성적인 많은 이들보다 더 위대한 인간으로 등장하는 순간이다.

스티어포스와 트래들스, 그리고 햄의 모습을 통해 우리는 진정한 남자, 제대로 된 인간의 조건을 어디에서 찾아야 할지 생각해 볼 수 있다.

성숙한 여인과 귀여운 여인: 애그니스와 도라

인생에서 한두 번 정도 사랑에 빠져보지 않은 사람은 없을 것이다. 우리의 주인공 데이비드 코퍼필드 역시 어린 시절 엠리에 대한 사랑을 비롯해서 학창시절의 짝사랑 등, 많은 열정을 품으며 살아왔다. 그가 만난 여인들 중 가장 중요한 인물이 애그니스와 도라이다. 먼저 만난 여인은 애그니스이지만, 먼저 결혼한 여인은 도라이다. 애그니스가 좋은 여인으로 대화의 상대로 만난 여인이라면 도라는 귀여운 여인의 대명사라고 할 수 있다. 두 여자와의 만남은 모두 왕고모를 만난 이후에 가능한 만남들이었다.

법률회사의 상사 스펜로 씨의 딸 도라는 코퍼필드가 첫눈에 반한 여인이다. 도라는 그에게 인간 이상이었고, 선녀요, 공기의 요정이었다. 한 마디로 그녀의 사랑의 포로, 사랑의 노예가 되어 버린 것이다. 이처럼 미칠 듯한 사랑은 이후 그의 모든 삶의 목표를 그녀에게 맞추게 했다. 그러나 상사의 딸에게 일개 계약직원인 코퍼필드의 접근이 그리 용이한 것은 아니었다. 온갖 우연과 우여곡절 끝에 결혼에 골인하게 되지만 신혼의 달콤함도 잠시, 곧 현실의 실상에 눈을 뜨게 된다. 인생은 언제나 인형처럼 귀여운 외모만으로는 살아갈 수 없기 때문이다. 살림살이를 전혀 모르는 여인, 도라. 집안 살림 등 좀더 현실적인 문제를 토론하려고 들면 자기를 꾸중하려고 든다며 울어버리는 그녀 앞에 코퍼필드는 난감해진다.

"도라, 여보!"

"싫어요, 난 당신이 사랑하는 사람이 아니에요. 당신은 나와의 결혼을 후회하시는 것이 틀림없으니까요. 그렇지 않고서는 내게 이치를 따지려 들진 않을 거예요!"

나는 이러한 부당한 문책을 받자 기분이 무척 상해서 냉엄하게 대할 용기가 솟았다.

"그런데 말이오, 도라. 당신은 정말 어린애 같구려. 그러니 당치도 않는 말만 하고 있지. 분명히 당신도 잘 기억하고 있을 거요만, 어제도 나는 저녁식사를 반밖에 못 하고 나가야 했고, 그저께는 설 구운 송아지고기를 급히 먹게 되어 뱃속이 불편했고, 오늘은 전혀 저녁을 먹지도 못하고 있소. 그리고 아침식사는 얼마나 오래 기다렸었소… 아침에는 물도 끓이지 않았소. 당신을 나무랄 생각은 없지만, 이건 유쾌한 일이 못 되오."

"오, 비정한 사람, 마음에 들지 않는 아내라니요!"

"이봐요, 도라, 난 그런 말을 한 적이 없소!"

"말씀하셨어요, 내가 불쾌하다고!" 도라는 말했다.

"난 집안 살림살이가 불쾌하다고 말한 거요."

"그게 바로 그 말씀이죠!" 도라는 외쳤다. 그녀는 분명히 그렇게 생각했던 것이다. 그녀가 정말로 슬피 울었으니까.

나는 나의 귀여운 아내에 대한 사랑에 가득 찬 마음으로, 방안을 다시 한 바퀴 돌았으며, 자책감으로 마음이 산란해서 문에 머리를 부딪고 싶은 생각이 들었다.

가정부가 일을 제대로 안하는데도 단속할 생각도 안 하고 있는 도라에게 안주인 노릇을 좀 해달라고 부탁하기가 심히 어렵다. 너무 곱게 자란 이유도 있겠고, 너무 어린 까닭도 있겠다. 거기다 말귀도 잘 못 알아듣는다. 아무튼 결혼과 연애를 전혀 구분하지 못하는 어린 신부 앞에서 신랑은 난감하기만 하다. 결혼하기 전 요리책을 넌지시 내밀며 나름대로 애를 써봤지만 귀여운 도라는 그런 요리책이 왜 필요한지 의아하기만 했다. 식모가 모두 알아서 해주는데 그런 책이 왜 필요한가 싶은 것이다. 이처럼 꽃같이 귀여운 철없던 아내 도라는 나무 위에서 과시하다가 가지에서 지는 꽃처럼 땅에 떨어지고 말았다. 그녀는 죽기 전에 애그니스를 보고 싶다고 했다. 그리고 애그니스에게 그녀의 빈자리를 부탁한다는 말을 남기고 조용히 눈을 감는다. 도라의 부탁대로 애그니스는 그 후에도 계속 코퍼필드에게 소중한 인생의 벗이자 존경하는 안내자로, 그의 곁에서 힘이 되어준다. 소설의 전반부에서 아버지 위크필드 씨가 '꼬마주부'라고 소개했던 어린 애그니스는 이렇게 주인공의 아내로서 소설의 말미를 장식하게 된다.

"소중한 애그니스! 존경하는 애그니스. 내 너무도 열렬히 사랑하는 애그니스! 오늘 여기에 왔을 때는, 난 어떤 일이 있어도 이러한 고백을 하지 않겠다고 생각했소. 우리 두 사람이 늙을 때까지 한 평생 내 가슴 속에 간직해 둘 수 있다고 생각했소. 그러나 애그니스, 만약 내가 당신을 누이 이상의, 누이와는 아주 다르게 불러도 좋을 것 같은 새로운 희망을 가질 수 있다면! … "

그녀는 눈물을 흘렸다. 그 눈물은 아까 흘리던 눈물과는 전혀 다른 것이었다. 나는, 희망이 빛나는 것을 보았다.

이렇게 코퍼필드는 진심을 고백하고, 애그니스는 이를 받아들인다. 결혼의 조건은 이러한 고백이 되어야 하지 않겠나 싶다. 단지 귀엽고 사랑스러운 상대가 아닌 정말 소중해서 존경할 수 있는 상대와의 결혼이 진정한 결혼의 조건이다. 귀여운 외모에 한눈에 반해 순간적으로 결정하는 결혼이 아니라 오랜 시간 서로의 세계를 이해하는 가운데 영원히 함께 할 수 있겠다는 성숙한 고백과 영혼의 떨림이 동반되는 결혼이 소중하다. 소설은 이렇게 행복한 미래를 기약하며 끝맺는다.

〔99대입〕 건국대 논술고사

(가)

사랑은 그것이 '소유' 양식에서 이야기 되느냐, 아니면 '존재' 양식에서 이야기 되느냐에 따라 두 가지 의미를 갖는다. 우리는 사랑을 소유할 수 있는가? 만약 가능하다면 사랑은 하나의 사물이어야 하며, 우리가 갖고, 점유하고, 소유할 수 있는 실체이어야 한다. 그런데 사실은 '사랑'이라고 하는 사물은 없다. 사랑이란 추상 개념이며, 아마도 여신이며, 이방인(異邦人)일 것이다. 그러나 이 여신을 본 사람은 없다. 실제로 '사랑한다는 행위'만이 존재한다. 사랑하는 것은 생산적인 능동성과 관련된다. 그것은 인물, 나무, 그림, 관념을 존중하고 알며, 반응하고 확인하고 향유하는 것을 뜻한다. 그것은 생명을 주는 것을 의미하며, 그의(그녀의, 그것의) 생명력을 증대시키는 것을 의미한다. 그것은 자신을 갱신하고 자신을 증대시키는 하나의 과정이다.

사랑이 소유양식에서 경험될 때 그것은 자기가 '사랑하는'

대상을 구속하고, 감금하고, 또는 지배하는 것을 의미한다. 그것은 생명을 주는 것이 아니라, 압박하고, 약화시키고, 질식시켜 죽이는 행위다. 사람들이 사랑이라 부르는 것은 대개가 그들이 사랑하고 있지 않다는 현실을 숨기기 위한 말의 오용(誤用)이다.

—에리히 프롬 〈소유냐 존재냐〉

(나)

　맏아들이 고등학교 2학년이 되자 차츰 대학 입시 준비를 시켜야겠다고 벼르는데 느닷없이 이 녀석이 미술대학을 가겠노라고 하는 게 아닌가? 남편은 한 마디로 어처구니없어 했다.

　"너는 상대를 가야 해. 그래야 은행이나 큰 기업체 취직을 바라보지. 뭐니 뭐니 해도 생활 안정이 제일이니라. 봐라. 지금의 네 애비를. 뭐 그릴 게 있나. 뭐 걱정인가. 장차 버둥다리 치고 먹고 살려고 하는 고생인데 그래 그게 싫어 뭐 미술대학이나 가겠어? 이런 못난 놈."

　남편은 말끝마다 자기 스스로를 예로 들어가며 안정된 생활의 행복을 찬양하고 또 찬양하며 아들을 재촉했다.

　"봐라. 지금의 네 애비를. 뭐 그릴 게 있나." 이 말을 할 때마다 남편의 입가에 떠오르는 득의와 회심의 미소가 나는 싫고 징그러워, 남편의 그런 미소가 형편없이 구겨질 일이 일어나기를 옆에서 간절히 바랐다. 그러나 끝내 부자간에는 아무 일도 일어나지 않았다. 아들은 다소곳이 아버지의 말을 경청하더니 열심히 과외공부를 해보겠다고 했다.

그러나 내 내부에서 별안간 힘찬 반란이 일어났다. '그것만은 안 돼. 그것만은 참을 수 없어. 그럴 수는 없어.'

일찍 들어와서 따뜻한 아랫목에 누워 연속극을 보면서 조청을 맛있게 맛있게 먹는 게 남편인 건 어쩔 수 없다손 치더라도 그게 장차의 내 아들인 것은 도저히 참을 수 없는 일로 여겨졌다.

나는 그 후에도 심심하면 "그럴 수는 없다"라고 혼자 도리질까지 해가며 중얼거리는 일이 잦아졌다.

—박완서 〈지렁이 울음소리〉 중에서

〈문제〉 글 (가)는 사랑의 본질을 소유와 존재라는 상이한 두 가지 개념으로 분석한 글이고, 글 (나)는 맏아들의 진로를 두고 빚어진 한 가정의 문제를 다룬 작품이다. (가)의 주장을 바탕으로 해서 (나)에 나타난 세 인물의 행동양상을 비판하고, 이를 토대로 바람직한 가족관계를 위해 취해야 할 태도에 대하여 자신의 견해를 밝히시오.

다락원 명작노트 **019**

데이비드 코퍼필드

펴낸이 정효섭
펴낸곳 (주)다락원

초판 1쇄 인쇄 2007년 1월 29일
초판 1쇄 발행 2007년 2월 5일

책임편집 안창열, 김지영
디자인 손혜정, 박은진
번역 황건
삽화 손창복

다락원 경기도 파주시 교하읍 문발리 509-1
Tel:(02)736-2031 Fax:(02)732-2037
(내용문의: 내선 520/구입문의: 내선 113~114)
출판등록 1977년 9월 16일 제300-1977-23호

Copyright ⓒ 2007, 다락원

출판사의 허락 없이 이 책의 일부 또는 전부를
무단 복제·전재·발췌할 수 없습니다.
잘못된 책은 바꿔 드립니다.

값 8,500원

ISBN 978-89-5995-134-5 43740